Basile Angot

Le … ous

… complètes

CM
cycle 3

Le petit soldat de plomb
de Hans Christian Andersen

La perle phosphorescente
Conte populaire chinois

Les douze travaux d'Hercule
de Jean Duché

Victor le voleur de lutins B. D.
de Jean-Luc Loyer

Notes de **Pascal Dupont**
Formateur IUFM Midi-Pyrénées

HACHETTE
Éducation

Édition : Thierry Amouzou, assisté d'Aurore Giuily
Fabrication : Patricia Coulaud
Illustrations : Isabelle Barthel, Sylvie Serprix,
Daniel Le Noury, Jean-Luc Loyer
Création de la couverture : Laurent Carré, Alain Boyer
Réalisation de la couverture : François Hacker
Maquette intérieure : Laurent Carré, Michaël Funck
Réalisation : Créapass, Paris
Relecture : Chantal Maury
Photogravure : Nord Compo

Pour Hachette Éducation, le principe est d'utiliser des papiers composés de fibres naturelles, renouvelables, recyclables, fabriquées à partir de bois issus de forêts qui adoptent un système d'aménagement durable.
En outre, Hachette Éducation attend de ses fournisseurs de papier qu'ils s'inscrivent dans une démarche de certification environnementale reconnue.

ISBN : 978-2-01-116500-8

www.hachette-education.com

Imprimé en Italie par L.E.G.O. - Dépôt légal : Août 2008
Collection n°73 - Edition n° 05 - **11/6500/0**

AVANT-PROPOS

De la littérature, pour quoi faire ?

Les apprentissages fondamentaux : parler, lire, écrire ne sauraient se résumer à des savoir-faire décontextualisés et vides de sens. Ouvrir aux enfants la porte de la littérature, c'est les introduire dans des univers imaginaires, leur permettre de répondre à des questions existentielles à travers des œuvres de fiction, susciter leur curiosité et leur appétit d'apprendre.
À partir de ces références littéraires, les enfants se constitueront une première culture qui entrera en résonance avec les expériences et les lectures à venir.

Quelles œuvres choisir ?

Le bibliobus Hachette propose aux jeunes lecteurs des œuvres intégrales classiques et contemporaines propres à nourrir leur réflexion, à faire naître des interrogations, et qui sont adaptées à leur connaissance de la langue et à leur compréhension.
Elles sont sélectionnées parmi la bibliographie de 300 titres établie par le ministère de l'Éducation nationale, le fonds de romans des éditions Grasset Jeunesse et le fonds de bandes dessinées des éditions Delcourt Jeunesse.

Devenir lecteur

On le sait depuis longtemps : il ne suffit pas d'avoir appris à lire pour devenir lecteur. Le goût et le plaisir de lire ne peuvent se développer qu'à partir de rencontres fréquentes avec les textes. Il convient donc, avant tout, de lire beaucoup.

Les adultes accompagneront les enfants sur le chemin de la lecture en lisant eux-mêmes des textes à haute voix et à travers des débats qui peuvent être très libres. Ils donneront ainsi aux enfants l'occasion de partager des émotions, d'éprouver leur liberté d'interprétation tout en les guidant dans leur compréhension.
Ainsi, ils les aideront peu à peu à tisser des réseaux de significations entre différentes œuvres.

La littérature à l'école

L'école vient de se fixer deux objectifs majeurs pour le cycle 3 dans ses nouveaux programmes.
L'un, qualitatif : « Le programme de littérature du cycle 3 vise à donner à chaque élève un répertoire de références appropriées à son âge. Il permet ainsi que se constitue une culture commune susceptible d'être partagée, y compris entre générations ».
L'autre, quantitatif : « Chaque année, deux classiques doivent être lus et au moins huit ouvrages appartenant à la littérature de jeunesse contemporaine ».

Il appartient aux éducateurs : enseignants, parents, médiateurs du livre, de relayer cette ambition.

Pascal Dupont
Formateur à l'IUFM Midi-Pyrénées

Hans Christian Andersen

Le petit soldat de plomb

Illustré par Isabelle Barthel

Il y avait une fois vingt-cinq soldats de plomb, tous frères, car ils étaient nés d'une vieille cuiller de plomb. L'arme au bras, l'œil fixe, l'uniforme rouge et bleu, quelle fière mine ils avaient tous ! La première chose qu'ils entendirent en ce monde, quand fut enlevé le couvercle de la boîte qui les renfermait, ce fut ce cri : « Des soldats de plomb ! » que poussait un petit garçon en battant des mains.

On les lui avait donnés en cadeau pour sa fête, et il s'amusait à les ranger sur la table. Tous les soldats se ressemblaient parfaitement, à l'exception d'un seul, qui n'avait qu'une jambe : on l'avait jeté dans le moule le dernier, et il ne restait pas assez de plomb. Cependant il se tenait aussi ferme sur cette jambe que les autres sur deux, et c'est lui précisément qu'il nous importe de connaître.

à l'exception de : sauf

ferme : solidement

Sur la table où étaient rangés nos soldats, il se trouvait beaucoup d'autres joujoux ; mais ce qu'il y avait de plus curieux, c'était un charmant château de papier.
À travers les petites fenêtres, on pouvait voir jusque dans les salons. Au-dehors se dressaient de petits arbres autour d'un petit miroir imitant un petit lac ; des cygnes en cire y nageaient et s'y reflétaient.

gentil : joli

Tout cela était bien gentil ; mais ce qu'il y avait de bien plus gentil encore, c'était une petite demoiselle debout à la porte ouverte du château.

linon : fine toile de lin

en guise de : à la place de

étinceler : briller

Elle aussi était de papier ; mais elle portait un jupon de linon transparent et très léger, et au-dessus de l'épaule, en guise d'écharpe, un petit ruban bleu, étroit, au milieu duquel étincelait une paillette aussi grande que sa figure.
La petite demoiselle tenait ses deux bras étendus, car c'était une danseuse, et elle levait une jambe si haut dans l'air, que le petit soldat de plomb ne put la découvrir, et s'imagina que la demoiselle n'avait comme lui qu'une jambe.

« Voilà une femme qui me conviendrait, pensa-t-il, mais elle est trop grande dame. Elle habite un château, et moi une boîte, en compagnie de vingt-quatre camarades, et je n'y trouverais pas même une place pour elle. Cependant il faut que je fasse connaissance. »

une tabatière : une boîte à tabac

Et, ce disant, il s'étendit derrière une tabatière.

Là, il pouvait à son aise regarder l'élégante petite dame, qui toujours se tenait sur une jambe, sans perdre l'équilibre.

à son aise : dans une position confortable

perdre l'équilibre : tomber

Le soir, tous les autres soldats furent remis dans leur boîte, et les gens de la maison allèrent se coucher.

colin-maillard : jeu pendant lequel un joueur dont les yeux sont bandés essaie d'attraper et de reconnaître les autres joueurs.

vouloir en être : vouloir participer

un serin : petit oiseau jaune, canari

bougeassent : verbe *bouger* au subjonctif imparfait

Aussitôt les joujoux commencèrent à s'amuser tout seuls : d'abord ils jouèrent à colin-maillard, puis ils se firent la guerre, enfin ils donnèrent un bal. Les soldats de plomb s'agitaient dans leur boîte, car ils auraient bien voulu en être ; mais comment soulever le couvercle ? Le casse-noisette fit des culbutes, et le crayon traça mille folies sur son ardoise. Le bruit devint si fort que le serin se réveilla et se mit à chanter.

Les seuls qui ne bougeassent pas étaient le soldat de plomb et la petite danseuse. Elle se tenait toujours sur la pointe du pied, les bras étendus ; lui, intrépidement sur son unique jambe, et sans cesser de l'épier.

Minuit sonna, et crac ! voilà le couvercle de la tabatière qui saute ; mais, au lieu de tabac, il y avait un petit sorcier noir. C'était un jouet à surprise. « Soldat de plomb, dit le sorcier, tâche de porter ailleurs tes regards ! »
Mais le soldat fit semblant de ne pas entendre. « Attends jusqu'à demain, et tu verras ! » reprit le sorcier.

tâcher de : essayer de

Le lendemain, lorsque les enfants furent levés, ils placèrent le soldat de plomb sur la fenêtre ; mais tout à coup, enlevé par le sorcier ou par le vent, il s'envola du troisième étage, et tomba la tête la première sur le pavé.
Quelle terrible chute ! Il se trouva la jambe en l'air, tout son corps portant sur le shako, et la baïonnette enfoncée entre deux pavés.
La servante et le petit garçon descendirent pour le chercher, mais ils faillirent l'écraser sans le voir. Si le soldat eût crié : « Prenez garde ! » ils l'auraient bien trouvé ; mais il jugea que ce serait déshonorer l'uniforme.

un shako : un chapeau de militaire à visière

une baïonnette : une lame qui se fixe au bout d'un fusil

prendre garde : faire attention

La pluie commença à tomber ; les gouttes se suivirent bientôt sans intervalle ; ce fut alors un vrai déluge. Après l'orage, deux gamins vinrent à passer. « Ohé ! dit l'un, par ici ! Voilà un soldat de plomb, faisons-le naviguer. »
Ils construisirent un bateau avec un vieux journal, mirent dedans le soldat de plomb, et lui firent descendre le ruisseau.

un déluge : une pluie torrentielle

Les deux gamins couraient à côté et battaient des mains. Quels flots, grand Dieu ! dans ce ruisseau ! Que le courant y était fort ! Mais aussi il avait plu à verse. Le bateau de papier était étrangement ballotté, mais, malgré tout ce fracas, le soldat de plomb restait impassible, le regard fixe et l'arme au bras.

Tout à coup le bateau fut poussé dans un petit canal où il faisait aussi noir que dans la boîte aux soldats.

« Où vais-je maintenant ? pensa-t-il. Oui, oui, c'est le sorcier qui me fait tout ce mal. Cependant, si la petite demoiselle était dans le bateau avec moi, l'obscurité fût-elle deux fois plus profonde, cela ne me ferait rien. »

Bientôt un gros rat d'eau se présenta ; c'était un habitant du canal :

« Voyons ton passeport, ton passeport ! »

Mais le soldat de plomb garda le silence et serra son fusil. La barque continua sa route, et le rat la poursuivit. Ouf ! il grinçait des dents, et criait aux pailles et aux petits bâtons :

« Arrêtez-le ! Arrêtez-le ! il n'a pas payé son droit de passage, il n'a pas montré son passeport. »

Mais le courant devenait plus fort, toujours plus fort ; déjà le soldat apercevait le jour, mais il entendait en même temps un murmure capable d'effrayer l'homme le plus intrépide.

Il y avait au bout du canal une chute d'eau, aussi dangereuse pour lui que l'est pour nous une cataracte. Il en était déjà si près qu'il ne pouvait plus s'arrêter.

ballotté : secoué d'un côté à l'autre

un fracas : un grand bruit

impassible : qui ne montre aucune émotion

intrépide : courageux, qui n'a peur de rien

une cataracte : une énorme chute d'eau

roide : raide

cligner : fermer rapidement les yeux plusieurs fois de suite

tournoyer : tourner sur soi-même

un péril : un danger

La barque s'y lança. Le pauvre soldat s'y tenait aussi roide que possible, et personne n'eût osé dire qu'il clignait seulement des yeux. La barque, après avoir tournoyé plusieurs fois sur elle-même, s'était remplie d'eau ; elle allait s'engloutir. L'eau montait jusqu'au cou du soldat, la barque s'enfonçait de plus en plus. Le papier se déplia, et l'eau se referma tout à coup sur la tête de notre homme. Alors il pensa à la gentille petite danseuse qu'il ne reverrait jamais, et crut entendre une voix qui chantait :

Soldat, le péril est grand ;
Voici la mort qui t'attend !

Le papier se déchira, et le soldat passa au travers. Au même instant il fut dévoré par un grand poisson.

pis : pire

C'est alors qu'il faisait noir pour le malheureux ! C'était pis encore que dans le canal. Et puis comme il y était serré ! Mais toujours intrépide, le soldat de plomb s'étendit de tout son long, l'arme au bras. Le poisson s'agitait en tous sens et faisait d'affreux mouvements ; enfin il s'arrêta, et un éclair parut le transpercer. Le jour se laissa voir, et quelqu'un s'écria :

« Un soldat de plomb ! »

Le poisson avait été pris, exposé au marché, vendu, porté dans la cuisine, et la cuisinière l'avait ouvert avec un grand couteau. Elle prit avec deux doigts le soldat de plomb par le milieu du corps, et l'apporta dans la chambre, où tout le monde voulut contempler cet homme remarquable qui avait voyagé dans le ventre d'un poisson.

Cependant le soldat n'en était pas fier. On le plaça sur la table, et là – comme il arrive parfois des choses bizarres dans le monde ! – il se trouva dans la même chambre d'où il était tombé par la fenêtre.

Il reconnut les enfants et les jouets qui étaient sur la table, le charmant château avec la gentille petite danseuse ; elle tenait toujours une jambe en l'air, elle aussi était intrépide. Le soldat de plomb fut tellement touché qu'il aurait voulu pleurer du plomb, mais cela n'était pas convenable.

touché : ému

Il la regarda, elle le regarda aussi, mais ils ne se dirent pas un mot.

Tout à coup un petit garçon le prit, et le jeta au feu sans la moindre raison ; c'était sans doute le sorcier de la tabatière qui en était la cause.
Le soldat de plomb était là debout, éclairé d'une vive lumière, éprouvant une chaleur horrible. Toutes scs couleurs avaient disparu : personne ne pouvait dire si c'étaient les suites du voyage ou le chagrin.

Il regardait toujours la petite demoiselle, et elle aussi le regardait. Il se sentait fondre ; mais, toujours intrépide, il tenait l'arme au bras.
Soudain s'ouvrit une porte, le vent enleva la danseuse, et, pareille à une sylphide, elle vola sur le feu près du soldat, et disparut en flamme. Le soldat de plomb était devenu une petite masse.

une sylphide : un génie de l'air

une petite masse : un petit bloc compact

Le lendemain, lorsque la servante vint enlever les cendres, elle trouva un objet qui avait la forme d'un petit cœur de plomb ; tout ce qui était resté de la danseuse, c'était une paillette, que le feu avait rendue toute noire.

Conte populaire chinois

La perle phosphorescente

Traduit par Ginette Philippot et Yvette Joye

Illustré par Sylvie Serprix

Le roi des Dragons vivait, il y a bien longtemps, bien loin d'ici, dans la mer Orientale. Il avait une fille, très belle et avisée. Il n'en avait toujours tiré que joie et satisfaction, mais voilà qu'elle allait sur ses dix-huit ans, et elle commençait à donner du souci à son père.

Le roi des Dragons voulait donner un époux à sa fille, mais elle s'était mis en tête de ne pas se marier. L'un était trop maigre, des fiancés qu'on lui proposait, l'autre trop gros, le troisième trop bête, et ainsi de suite.

Un jour le roi, qui en avait par-dessus la tête de ces refus, dit à sa fille :

« Ma chérie, dis-moi enfin quel genre d'homme tu veux pour époux ?

Oriental : qui est situé en Asie

avisé : qui agit avec sagesse

se mettre en tête de : décider

en avoir par-dessus la tête : en avoir assez

– Je ne veux ni un riche, ni un fonctionnaire, ce que je veux, c'est un garçon honnête et courageux », répondit la jouvencelle, en rougissant quelque peu.

une jouvencelle : une jeune fille

Alors le roi des Dragons recommanda à ses conseillers de se mettre en quête d'un fiancé tel que le souhaitait sa fille. Le général Crabe se présenta, mais ne convint pas à la fille ; le ministre Grenouille vint lui proposer quelqu'un, mais la princesse ne faisait que hocher la tête en signe de refus, jusqu'à ce qu'enfin le général Homard vînt tout glorieux annoncer qu'il avait trouvé le fiancé idéal : un orphelin, nommé A-eul, qui habite non loin, dans le golfe, pauvre, certes, mais avec un cœur d'or et ne craignant rien au monde.

un golfe : une avancée de la mer à l'intérieur des terres

avoir un cœur d'or : être généreux

outre mesure : vraiment

ne sied pas : ne convient pas

Un tel fiancé n'était pas pour plaire outre mesure au roi des Dragons, il fit venir sa fille et lui dit : « Mon enfant, à dire vrai, ce fiancé-là ne me convient guère. Qui sait ce qui en est au juste de son fameux courage ? Et qui plus est, il n'est pas de sang royal et ne sied pas à notre famille. »

Mais la fille, elle, s'était mis en tête que c'était ce fiancé-là qu'elle voulait. Elle s'enfuit dans sa chambre, refusant d'en sortir, et se mit à se plaindre et à pleurer tant de larmes que le niveau de la mer en montait.

ne savoir à quel saint se vouer : ne savoir quelle décision prendre

Le père Dragon ne savait à quel saint se vouer. Il fit venir ses conseillers les plus fidèles et s'entretint longuement avec eux. Enfin le général Homard eut une idée.

Cette nuit-là A-eul, qui vivait non loin, juste dans le creux du golfe, fit un rêve. Il vit apparaître un vieillard aux cheveux blancs qui lui dit : « A-eul, va vite au bord du fleuve, ta fiancée t'y attend. » A-eul se réveilla du coup, et fit aussitôt part de son rêve à son frère, qui partageait sa couche. Mais ce frère aîné était de caractère jaloux. Il rabattit vite l'enthousiasme du puîné :

« Qu'est-ce que tu crois ? Comme si une fiancée pouvait t'attendre ! Qui voudrait de toi comme fiancé, pauvre comme tu es ! Dors, tu feras mieux. »

faire part : raconter

une couche : un lit *(langage littéraire)*

un puîné : né après l'aîné, cadet

A-eul se rendormit, et son frère en profita pour se lever sans bruit, et se rendre bien vite au bord du fleuve. Mais A-eul s'était réveillé et avait senti la place vide à son côté. Il se rappelle alors sa vision et, pour en avoir le cœur net, il s'élance, lui aussi, vers le fleuve. Son frère était parti le premier, mais il fut si rapide que les deux jeunes gens arrivèrent en même temps sur la berge.

en avoir le cœur net : en être sûr

la berge : le bord du fleuve

L'eau du fleuve était calme et semblait dormir, sa surface irradiait une lueur argentée qui se répandait au loin. Très haut dans le ciel était suspendue la lune, toute ronde, brillante comme une pièce d'or.

irradier : refléter la lumière

une vaguelette : une petite vague

Dans les vaguelettes murmurantes qui venaient frôler la rive, une belle jeune fille se baignait, et ses longs cheveux flottaient au gré des flots berceurs.
« Belle demoiselle, veux-tu me prendre pour époux ? lui demanda hardiment A-eul.
– Non, pas lui, prends-moi plutôt, s'écria vite le frère aîné.
– Je prendrais celui qui me rapportera la perle phosphorescente, déclara la jeune fille.

phosphorescent : qui émet de la lumière dans l'obscurité

– Où se trouve cette perle ? demandèrent les deux frères en même temps.
– Elle est cachée au palais de mon père, le puissant roi des Dragons. Je vais vous donner à chacun une épingle qui vous permettra d'apaiser les flots houleux de la mer », leur dit-elle, et ce disant elle retirait de sa chevelure deux épingles d'argent, puis elle en offrit une à chacun des deux frères, et disparut en plongeant dans l'eau du fleuve.

houleux : agité

Les deux frères s'inclinèrent ensemble devant l'endroit où la princesse des Dragons avait disparu, et se mirent en route sur l'heure. L'aîné emprunta à son voisin un cheval rapide, et se dirigea au galop vers la mer Orientale. A-eul coiffa son grand chapeau de paille, chaussa ses sandales de teille, et se mit en marche le long du fleuve, vers l'Orient. Il y avait une longue route, jusqu'à la mer Orientale du roi des Dragons, une route difficile, pleine d'embûches terrifiantes.

la teille : l'écorce de la tige du chanvre

une embûche : un obstacle, une difficulté

Bien des jours s'étaient écoulés à galoper, quand l'aîné des deux déboucha sur un village entièrement envahi par les eaux, toutes les maisons y baignaient, et les gens devaient se déplacer en barque. Le cavalier demanda ce qui s'était passé, et on lui répondit :

« Il y a une dizaine de jours que les grosses pluies ont fait sortir le fleuve de son lit, mais maintenant, malgré le beau temps, il ne veut plus y rentrer, au contraire, l'eau ne fait que monter. Elle atteindra bientôt nos toits. Quelle misère ! Il paraît qu'il y a un moyen de faire rentrer le fleuve dans son lit, c'est de le battre avec la verge d'or qui se trouve au palais du roi des Dragons.

déboucher : arriver

le lit : l'emplacement où coule un cours d'eau

une verge : une baguette de bois flexible qui servait autrefois à donner des punitions

– C’est justement là que je me rends, répondit tout fier le frère aîné. Je vous la rapporterais cette verge d’or. »

A-eul, lui, qui était à pied, arriva un peu plus tard à ce même village inondé. En apprenant le désastre qui frappait cette malheureuse population, il promit, lui aussi, de rapporter la verge d’or du palais du roi des Dragons, si par chance il pouvait se la procurer. Puis il reprit sa route, et arriva enfin au bord de la mer Orientale. Mais, que voit-il ? Son frère, qui pourtant avait tant d’avance sur lui, restait là, figé, à regarder l’eau mugissante, les vagues qui déferlaient comme pleines de colère.

figé :
immobile, paralysé

mugissant :
qui produit un bruit semblable à des cris, des hurlements

déferler :
s’écraser avec force sur la côte

« N'aie pas peur », dit A-eul à son frère et il lança avec force dans l'eau bouillonnante l'épingle qu'il avait reçue de la princesse.

bouillonnant : qui forme de grosses bulles à la surface

Dès l'instant où l'épingle eut touché la première vague, l'eau se calma par enchantement, et un chemin s'ouvrit dans la mer, pour permettre aux deux frères de pénétrer dans le Royaume des Eaux.

Au palais, ils furent accueillis par le roi des Dragons en personne. Les deux frères lui présentèrent poliment leur requête : ils désiraient emporter la perle phosphorescente, pour conquérir la main de sa fille.

une requête : une demande

« Je sais ce qui vous amène, leur dit le roi, et je vais accomplir votre souhait ; seulement je vous avertis qu'en ce Royaume des Eaux la loi ne permet à un mortel que d'emporter un seul objet, un seul trésor. Choisissez donc bien ! »

accomplir : réaliser

un mortel : un homme, en opposition aux dieux qui, eux, sont immortels

Après avoir ainsi parlé, le roi les conduisit dans sa chambre aux trésors. Quand il leur en eut ouvert la porte, les deux frères retinrent leur souffle, d'admiration. Les murs étaient tout incrustés de pierres précieuses, le sol pavé de jade, partout où se posait le regard, ce n'était que mille feux de diamants, d'or et de perles. Au centre de tout ce luxe, un feu surpassait tous les autres : celui de la perle la plus rare, la perle qui brille dans la nuit, la perle phosphorescente !

le jade : une pierre précieuse de couleur verte

séduisant : attirant, qui plaît

inondé : recouvert par l'eau

A-eul la contempla, cette merveille qui aurait pu lui valoir la main de la belle et séduisante princesse, mais cette perle il ne pouvait, hélas, la prendre ! Au village inondé, les gens l'attendaient, pleins d'espoir et de confiance, les gens auxquels il avait promis, s'il le pouvait, de leur rapporter la verge d'or qui devait faire entrer le fleuve dans son lit. Sans hésiter davantage c'est vers la verge qu'il se dirigea, en demandant poliment au roi :
« Si votre Majesté le permet, je prendrai cette baguette d'or. »
Au même moment, le frère aîné se jetait sur la perle phosphorescente, s'en saisissait, et pour rien au monde il ne l'eût lâchée !
« Emportez chacun votre trésor, peut-être vous apportera-t-il le bonheur ! » dit le roi des Dragons avec un étrange sourire.

Là-dessus, les deux frères sortirent ensemble du palais.

Lorsqu'ils eurent atteint la rive, l'aîné sauta en selle et reprit au galop le chemin du retour. Il arriva bientôt au village inondé, où il fut aussitôt entouré par les malheureux habitants.

sauter en selle : enfourcher un cheval

« La verge d'or, criaient-ils, avez-vous apporté la verge d'or ?

– Non, le roi des Dragons n'a pas voulu que je l'emporte », répondit le jeune homme, qui incita son cheval à poursuivre sa route.

inciter : pousser à faire quelque chose, encourager

Pendant ce temps-là, A-eul arrivait, à pied, il lui fallait marcher des jours et des nuits, mais enfin un beau matin il atteignit le village où l'eau montait de plus en plus.

« Mes amis, cria-t-il de loin, je vous apporte la verge d'or, la bienheureuse verge d'or que m'a donnée le roi des Dragons ! » Ce disant, il se penchait sur l'eau, qu'il se mit en demeure de fouetter avec sa verge d'or. Et, miracle des miracles ! L'eau se mit aussitôt à reculer, à descendre vers son lit, où elle reprit paisiblement son cours d'antan.

ce disant : en disant cela

se mettre en demeure de : commencer à

d'antan : d'avant

La reconnaissance de la population ne connaissait pas de borne : « Comment pourrons-nous jamais vous rendre un tel service, ô notre jeune ami et protecteur ? » Ils avaient les larmes aux yeux, d'être dans un tel dénuement après l'inondation qu'aucun d'eux n'avait le moindre cadeau à offrir au jeune homme. Mais l'un d'eux aperçut un gros coquillage, dans la vase laissée par le fleuve. Il l'ouvrit, et y découvrit une perle noire, toute sale, mais enfin une perle.
« Jeune homme, nous n'avons rien de convenable à vous offrir, mais nous vous en prions, emportez cette perle en souvenir de nous. »

pas de borne : pas de limite

être dans le dénuement : ne pas avoir le nécessaire pour vivre

convenable : suffisant

A-eul reçut la perle avec des remerciements, et reprit sa marche tout en se disant que ce n'était pas une pauvre perle comme celle qu'il rapportait que désirait la princesse. Malgré tout, le sentiment d'avoir accompli une bonne action lui réchauffait le cœur et le consolait. Entre-temps, le frère aîné était arrivé au golfe, où il avait trouvé la princesse. S'inclinant profondément devant elle, il lui dit : « Princesse, je te rapporte la perle phosphorescente. Je te prie donc de devenir ma femme.
– Reviens ce soir, répondit la princesse, seule la nuit peut décider si c'est bien la vraie perle phosphorescente que tu apportes ou une perle ordinaire. »

la stupeur : un grand étonnement

la paume : le creux de la main

À la nuit tombée, le frère aîné revint au bord du golfe avec son trésor. Mais, ô stupeur, la perle brillante, la perle à l'orient lumineux, la perle n'émettait pas le moindre rayonnement dans la nuit.
« Ce n'est pas la vraie perle que tu as apportée, déclara tristement la princesse.
– Mais c'est impossible », dit le frère aîné, en se fâchant. Il reprit la perle de la main de la princesse, pour mieux voir, et du coup la perle éclata. Sur la paume du jeune homme, il n'y avait plus qu'une goutte d'eau.

Quelques jours plus tard, A-eul à son tour arriva au bord du golfe. Il dit à la princesse :
« Je te prie de ne pas m'en vouloir, ô Princesse, mais je n'ai pas pu te rapporter la perle du palais royal.
– Et que portes-tu dans ton foulard noué en coin ? demanda la princesse, curieuse.
– Pas grand-chose, Princesse ! Ce n'est qu'une perle tout ordinaire, que m'ont offerte de braves gens, en cours de route.
– Donne-la-moi », dit la princesse, qui lui prit la perle et la lui posa délicatement sur la paume, qu'elle lui avait fait présenter.
A-eul ouvrit alors des yeux comme des roues de char. Oui, c'était la fameuse perle, la perle qui illumine la nuit, la perle phosphorescente ! On eût dit que la lune était venue se poser dans sa main.

se dégager : provenir

Des rayons lumineux s'en dégageaient, et allaient se perdre dans les lointains, faisant luire toute la surface du golfe.

La princesse des Dragons prit alors la perle et la lança haut, bien haut dans les airs. A-eul regarde ce qui se passe, il est tout éberlué, il n'en croit pas ses yeux. Car par-dessus leurs têtes, un palais enchanté s'est dressé dans les airs, au faîte duquel scintille la perle éblouissante, qui semble leur indiquer le chemin.

éberlué : ébahi, stupéfait

au faîte : au sommet

La princesse prit A-eul par la main, en lui disant d'une voix suave : « Vois, là-haut, c'est ton cœur bon et courageux qui resplendit ! »

suave : doux

Et elle l'emmena avec elle, dans son palais aérien.

Jean Duché

Les douze travaux d'Hercule

Illustré par Daniel Le Noury

Sur la plus haute montagne de la Grèce vivait un très grand dieu, Zeus à la barbe longue. Cette montagne s'appelait l'Olympe. Zeus avait un palais en marbre blanc, couvert de toits en or qui resplendissaient de mille feux au soleil levant. Il aimait bien boire et bien manger, et chaque jour il présidait le déjeuner de famille, assis sur un trône d'or.

À côté de lui, sur un trône d'argent, sa femme, Héra, le surveillait du coin de l'œil. Parce que ce grand Zeus à la barbe longue avait parfois des démangeaisons d'escapades, et Héra n'appréciait pas du tout ces gamineries.

Zeus avait beaucoup d'enfants, qui étaient de petits dieux, ou de petites déesses. Son préféré était Apollon, le plus beau, dont la chevelure blonde ressemblait au soleil, et qui jouait si bien de la lyre

resplendir : briller

un trône : un siège surélevé sur lequel s'assoit le roi

une escapade : une sortie pour échapper à la routine

une lyre : ancien instrument à cordes

qu'il était le dieu des musiciens. Chez les filles, sa préférée était Athéna, parce qu'il l'avait faite tout seul, sans l'aide d'Héra, dans son crâne. C'est très pénible, de faire un enfant dans son crâne. Il avait fallu lui ouvrir le front d'un coup de hache. Le visage d'Athéna rayonnait d'intelligence. C'était bien naturel, puisqu'elle sortait du cerveau de Zeus. Elle devint la déesse des sciences et des arts. Avec tous ses enfants divins, Zeus aurait dû être un père satisfait. Eh bien ! ça ne lui suffisait pas. Il rêvait d'avoir un fils qui serait... Devinez quoi ? Un homme, rien qu'un homme ! Seulement, voilà : est-ce qu'un homme né de Zeus pouvait être un homme comme les autres ? Et puis, quand on est un dieu, comment faire, pour faire un homme ?

Entre deux festins, pendant la sieste, Zeus ruminait la question. Soudain, un jour, il s'écria : « Eurêka ! » ce qui, en grec, signifie : « J'ai trouvé ! »

Au cœur de la Grèce, dans le royaume d'Argolide, régnait un prince nommé Amphitryon.

Son épouse, Alcmène, était la plus belle et la plus vertueuse des femmes. En ce temps-là, Amphitryon faisait la guerre aux frontières contre des voisins qui voulaient envahir son pays, et Alcmène attendait sagement le retour de son mari. Et voilà qu'un soir, sans prévenir, Amphitryon revient ! Elle ne l'espérait pas si tôt. Elle l'accueillit avec des

pénible : difficile

un festin : un grand repas, un banquet

ruminer : penser et repenser toujours à la même chose

vertueux : fidèle

transports de joie. Le lendemain matin, lorsqu'elle se réveilla, il avait disparu. « Il a dû aller passer l'inspection de ses soldats », pensa-t-elle. Elle ne se faisait pas de souci. Et en effet, le soir, à l'heure du dîner, Amphitryon était là.

un transport : une vive émotion

« Pas trop fatigué ? » dit-elle. Elle ajouta avec un sourire tendre : « Nous n'avons pas beaucoup dormi, la nuit dernière... »

Amphitryon écarquillait des yeux ronds, il ouvrait la bouche, mais aucun son n'en sortait. Hier soir ! Il était encore à la guerre ! Est-ce que sa femme avait des visions ? Est-ce qu'elle était devenue folle ?

écarquiller les yeux : les ouvrir très grand, de surprise

appeler en consultation : prendre l'avis de quelqu'un

illustre : célèbre

ne pas tenir en place : être agité

insensé : qui a perdu la tête

Ou bien, elle se moquait de lui, peut-être ? Il appela en consultation Tirésias, qui était le plus fameux devin de la Grèce. Et Tirésias lui dit :
« Amphitryon, ton nom deviendra illustre. Zeus t'a fait l'honneur de prendre ton apparence pour visiter ta femme. Il lui naîtra un fils qui sera nommé Hercule et sera le plus fort de tous les humains. Zeus avait atterri sur l'Olympe. Il était si content de ce qu'il avait fait qu'il ne pouvait pas tenir en place. Il allait et venait dans le palais, annonçant à tous : "Un petit prince va naître en Argolide... Je ne vous en dis pas plus. Vous verrez ! Il sera le roi du pays." »

Naturellement, cela vint aux oreilles d'Héra, qui n'eut pas de mal à deviner ce que ça voulait dire. Elle le connaissait, son Zeus !
« Quelle bonne nouvelle ! s'écria-t-elle. Vraiment ! Peux-tu jurer que le petit prince qui va naître régnera sur l'Argolide ? »
Zeus jura. L'imprudent ! L'insensé ! Il ne la connaissait donc pas, son épouse jalouse ? Un petit cousin d'Hercule était attendu en Argolide. Héra s'arrangea pour le faire naître le premier. Et comme ce que Zeus avait juré devait être accompli, ce fut ce petit cousin-là, un affreux, un minable, qui se trouva à régner sur l'Argolide, et sur Hercule !

Quand les deux cousins furent devenus grands, le minable monta sur le trône et l'autre, qui n'avait pas encore mérité de s'appeler Hercule et qui avait peu de goût pour les études, s'en alla courir les bois avec les bêtes sauvages, où il acquit une santé formidable, des épaules et des cuisses énormes. Et avec ça, le cœur sur la main, toujours prêt à mettre sa vaillance au service des faibles, tout le monde l'aimait.

avoir peu de goût pour : ne pas aimer

la vaillance : le courage

Cela ne plaisait pas du tout à Héra. Non contente de l'avoir privé du trône d'Argolide, elle méditait de le châtier. Mais de quoi ? Et voilà qu'un soir, lors d'un banquet offert en son honneur par un peuple voisin, les Thébains, qu'il avait délivré d'un tyran, il se dresse comme un ressort qui claque, dégaine son épée, et il se met à massacrer les gens autour de lui !

châtier : punir

un tyran : un dictateur qui abuse de son pouvoir

Zeus dépêcha Athéna d'arrêter le carnage. Elle eut beau filer comme l'éclair, quand elle arriva, les cadavres jonchaient la table. Elle assomma Hercule d'un coup de massue derrière le crâne. Quand il retrouva ses esprits, il vit les cadavres autour de lui, sa mère qui pleurait, et il restait stupide, sans comprendre ce qui s'était passé. Athéna lui révéla la sinistre vérité : Héra l'avait frappé d'un coup de folie furieuse. Pour avoir l'occasion de le punir. Maintenant, il ne lui restait plus qu'à se préparer à entendre son châtiment.

être le jouet de : être la victime de quelqu'un

une sentence : un jugement

l'oracle : la réponse des dieux

une gorge : une vallée étroite entre deux montagnes

errer : vagabonder sans but

un trépied : un siège à trois pieds

« Mais ce n'est pas juste ! s'écria Hercule. Je n'y suis pour rien. Je n'ai été que le jouet de la vengeance d'Héra ! Est-ce ma faute, si je suis le fils de Zeus ?
– Les hommes savent-ils ce qui est juste et injuste ? dit la sage Athéna. On ne discute pas avec les dieux. »
Au fond d'elle-même, elle savait bien que cela n'était pas juste, mais qu'est-ce qu'elle y pouvait ? Héra, la redoutable Héra, était l'épouse du dieu des dieux...
« Tu vas aller à Delphes entendre la sentence de l'oracle... Sois courageux... Je t'aiderai. »
Delphes était la cité sainte de la Grèce. Là, tous les dieux avaient leurs temples, étagés sur une montagne au milieu des gorges sauvages couvertes de forêts où erraient des loups et des renards. Une prêtresse, la Pythie, attendait Hercule, assise sur un trépied au-dessus d'un puits qui plongeait dans les profondeurs de la terre, et d'où sortaient des fumées. Hercule se prosterna, puis se tint debout devant elle. Alors la Pythie, environnée de vapeurs, prononça la sentence que lui dictait Héra :
« En châtiment de tes crimes abominables, tu es condamné à dix travaux forcés. Va te présenter à ton cousin Eurysthée, qui règne sur l'Argolide. Tu es désormais son esclave, c'est lui qui ordonnera tes travaux. Prépare-toi à de terribles épreuves. Mais si tu en triomphes, tu deviendras immortel. »

Quoi, lui, Hercule, l'esclave de ce misérable avorton ? Il allait hurler de fureur, lorsqu'il sentit qu'une main se posait doucement sur sa bouche. C'était la main d'Athéna.

Il s'en alla à Tirynthe, la cité d'Argolide où se trouvait le palais du roi. Si on pouvait appeler ça un palais ! C'était plutôt une forteresse, construite avec d'énormes blocs de pierre grise. Le roi était si lâche qu'il n'osait pas en sortir. Quand il vit entrer Hercule, il se mit à trembler. Cramponné des deux mains à son trône, il essayait d'avoir l'air d'un roi. Il articula d'une voix chevrotante :

« Te voilà donc à mes pieds, vil esclave ! Boue infâme !

– Doucement ! gronda Hercule. Je suis ton esclave, oui, puisque la déesse Héra l'a voulu. Mais n'oublie jamais que je peux aussi t'écraser comme une limace. Ordonne, mais ordonne poliment.

– Dans... dans... dans la forêt de Némée, tout... tout... »

Ses dents claquaient, on aurait cru qu'il avait des castagnettes dans la bouche.

« ... Tout près d'ici, il y a un lion qui t'attend. Va, et tue-le. » Un lion ? Hercule en avait vu d'autres. « Si ce n'est que ça... » dit-il en haussant les épaules. Eurysthée eut une espèce de sourire narquois. « Va... va... tu... tu verras. La déesse Hé... la déesse Héra l'a... l'a mis là pour toi. »

lâche : peureux

cramponné : accroché fortement

chevrotant : tremblotant

infâme : répugnant

narquois : moqueur

Hercule s'enfonça dans la forêt. Contre sa cuisse battait sa longue épée, sur une épaule il portait la massue d'olivier bonne à assommer un bœuf, sur l'autre le grand arc et le carquois plein de flèches. Au détour d'un sentier, Athéna lui apparut, tenant une brassée de flèches, qu'elle mit dans le carquois à la place des autres.

« Apollon t'envoie ses propres flèches, qui ne manquent jamais leur but, dit-elle. Lui aussi, il est de cœur avec toi, mais il aime mieux qu'Héra ne le sache pas. »

Hercule marcha des jours et des jours dans la forêt obscure, avançant à pas feutrés, fouillant du regard les taillis, les bosquets touffus où le lion pouvait se tenir caché, prêt à bondir sur lui. Enfin, un soir, à la nuit tombante, il surprit le fauve qui somnolait, digérant un festin. Il banda son arc, une flèche d'Apollon partit en sifflant... et elle rebondit sur la peau du lion ! Le lion, réveillé par cette piqûre, bâilla, s'étira les pattes, et chargea Hercule, qui l'esquiva d'un saut de côté. Déjà le lion revenait sur lui. Mais Hercule avait pris son épée à deux mains et d'un grand coup sur l'encolure... Han ! ça aurait décapité un cheval. Mais dans la peau du lion, pas une entaille ! Ce fauve était invulnérable.

Que faire ? Hercule se jeta sur le lion, l'encercla dans ses bras puissants, et il serra, il serra tellement fort qu'il l'étouffa.

un carquois : un étui où l'on range les flèches

obscur : sombre

à pas feutrés : en marchant sans faire de bruit

fouiller du regard : scruter

esquiver : éviter

Ensuite, il prit une de ses griffes, si acérées qu'elles seules pouvaient entamer son cuir, le dépeça, lava la peau dans un ruisseau, et il s'en fit une tunique qui valait toutes les cuirasses. Maintenant, c'était lui qui était invulnérable.

Il revint à Tirynthe ainsi vêtu, et coiffé de la tête du lion comme d'un casque. Eurysthée, en le voyant, fut si épouvanté qu'il sauta dans une grande jarre en terre cuite pour s'y cacher. D'où il lui ordonna, d'une voix entrecoupée de castagnettes :

« ... Va-t'en... t'en tuer l'hydre de Lerne ! Et ra... rapporte-moi ses têtes ! »

acéré : aiguisé

dépecer : enlever la peau

une jarre : un récipient en terre cuite

un marais : une région très humide

le venin : une substance toxique sécrétée par certains animaux comme les serpents

L'hydre était un monstre qui vivait dans les marais de Lerne. Elle était encore plus effrayante que le lion : elle avait une longue queue de serpent, un corps de chien à neuf têtes, avec des crocs chargés d'un venin foudroyant.
« Au travail, Hercule ! Je veux les têtes de l'hydre ! »
Une tête, ou deux, cela aurait pu aller, mais neuf têtes ! Hercule demanda à son neveu Iolaos de l'accompagner.

la lisière : la limite

une crécelle : un instrument qui produit un cliquetis désagréable

Quand ils arrivèrent à la lisière de la forêt qui entourait le marais, ils s'arrêtèrent pour observer, cachés derrière des troncs d'arbre. Des canards naviguaient lentement, plongeant de temps en temps la tête dans l'eau, le derrière en l'air. Des poissons sautaient, faisant des ronds. Parfois une bécassine s'envolait, lâchant son cri pareil à une petite crécelle, et elle traçait dans le ciel des zigzags. Mais l'hydre ? C'était l'hydre qu'ils voulaient repérer.
Soudain, une bande de canards décolla à grand fracas : neuf têtes emmanchées d'un long cou avançaient silencieusement, on ne voyait qu'elles au-dessus de l'eau. Elles disparaissaient les unes après les autres, quelquefois toutes en même temps, et elles ressortaient avec des poissons dans la gueule.

Quand l'hydre fut rassasiée, elle se dirigea vers un îlot, où elle s'enfonça dans une espèce de tanière. Alors Hercule, suivi d'Iolaos, avança dans le marais en pataugeant, sans faire de bruit. Près de la tanière, Iolaos alluma un feu et y plaça la pointe de quelques flèches d'Hercule. Quand elles furent enflammées, Hercule se mit à tirer dans la tanière. Et bientôt l'hydre enfumée sortit, pleurant de ses dix-huit yeux. Hercule ne lui laissa pas le temps d'y voir clair. À grands coups d'épée, il coupait des têtes comme un moissonneur fauche les blés. Une, deux, trois... Les têtes tombaient, floc ! dans la vase. L'hydre enroula sa queue autour des jambes d'Hercule pour le faire tomber. Il coupa la queue. Quatre, cinq... mais qu'est-ce qui se passait ? Plus il en coupait, plus il y en avait. Soudain, il comprit, il vit cette chose horrible à chaque cou coupé, deux têtes repoussaient ! Il cria :

« À l'aide, Iolaos ! À l'aide ! »

Mais Iolaos n'était plus là. Hercule se crut perdu. Iolaos était en train de couper un petit tronc d'arbre. Il avait tout de suite compris, lui. Ou plutôt, Athéna invisible l'avait inspiré. Il accourt avec le tronc d'arbre, plonge un bout dans le feu, et dès qu'il est rouge, il l'applique sur les cous coupés. Les chairs grésillent, fument, noircissent comme du charbon... Et les têtes ne repoussent plus. Encore une... C'est fini. Hercule s'essuie le front, respire profondément.

rassasié : repu, qui n'a plus faim

une tanière : l'abri d'une bête sauvage

patauger : marcher dans l'eau

faucher : couper

Il a tué la plus méchante bête de la terre, il a tué la bête du mal !

Hélas ! non, pas tout à fait. La neuvième tête de l'hydre était immortelle. Coupée, elle continuait à vivre et à montrer ses crocs venimeux. Hercule l'enterra sous un gros rocher, espérant que là-dessous, au moins, elle ne pourrait plus faire de mal. C'était une bonne idée, mais peut-être le rocher n'était-il pas assez lourd. Parfois la tête de l'hydre ressort, et on croirait la voir sur les épaules de certains hommes.

Hercule éventra le monstre, ouvrit son foie, en exprima le venin pour empoisonner ses flèches. La peau du lion l'avait fait invulnérable, le venin de l'hydre le faisait invincible : chaque épreuve le fortifiait.

exprimer : extraire

fortifier : rendre plus fort

Il rapporta les autres têtes au palais de Tirynthe. Les gardes lui interdirent d'entrer. Eurysthée avait trop peur de les voir. Il les déposa à la porte. Et ce fut un messager qui vint lui dire de la part d'Eurysthée :

« Ce travail-là ne compte pas, parce que tu t'es fait aider. »

Mieux valait, en effet, qu'Eurysthée ne dise pas ça lui-même à Hercule : il l'aurait écrabouillé. Quand sa colère se fut un peu calmée, il entendit :

écrabouillé : écrasé

« Ton troisième travail est facile, Hercule. Tu n'as qu'à rapporter vivante la biche de Cérynie. »

La Cérynie était une montagne couverte de forêts, dans le royaume d'Arcadie. Mais cette biche n'était pas une biche ordinaire. C'était la biche personnelle d'Artémis (que les Romains nommèrent Diane), déesse de la chasse. Elle avait des sabots d'airain qui lui permettaient de courir plus vite que toutes les autres biches. Facile, de l'attraper ? Hercule courut derrière elle pendant des mois. Comme il revenait à Tirynthe avec la biche sur le dos, il rencontra Artémis, vêtue de sa tunique courte, l'arc sur l'épaule, dont les yeux lançaient des éclairs. Elle lui dit :

« Comment as-tu osé, chien, capturer ma biche ?

– Ô déesse ! répondit Hercule, je ne suis qu'un pauvre homme condamné aux travaux forcés ! Je n'ai fait que me soumettre au châtiment de la déesse Héra. Arrangez-vous entre déesses ! Moi, j'obéis. »

Artémis aimait les animaux, mais elle appréciait aussi les bons chasseurs. Elle sourit.

« Tu as raison. Promets-moi seulement que tu relâcheras ma biche quand tu l'auras montrée à l'infâme Eurysthée. »

Hercule le promit, et tint sa promesse.

Alors le messager d'Eurysthée qui tremblait toujours dans son palais lui déclara :

« Retourne en Arcadie. Dans la forêt d'Érymanthe vit un sanglier géant qui ravage les récoltes.

l'airain : du bronze *(mot ancien)*

ravager : dévaster

Eurysthée le veut vivant. Au travail, Hercule, au travail ! »

C'était en plein hiver. La neige couvrait le sol, Hercule eut vite fait d'y trouver les traces du sanglier. Les suivre jusqu'à sa bauge n'était qu'un jeu d'enfant. Il jeta sur lui un filet, et le sanglier se trouva pris comme un poisson. Hercule mit le filet sur son épaule, et en route pour Tirynthe. Mais, cette fois, il ne se laissa pas arrêter à la porte des gardes. Il alla droit à la salle du trône. Eurysthée, épouvanté, sauta dans la jarre. Alors Hercule défit le filet, prit le sanglier à bout de bras, et il le tenait au-dessus de la jarre :

« Le voilà, ton sanglier, ô mon roi ! Je le lâche ? »

la bauge :
le lieu boueux où vit le sanglier

un jeu d'enfant :
une chose facile à accomplir

épouvanté :
effrayé

Eurysthée, les bras en l'air, suppliait :
« Ne fais pas ça, Hercule ! Je n'y suis pour rien, moi ! Je ne suis que le misérable instrument de la colère d'Héra ! Si tu le lâches, redoute la déesse ! »
Hercule riait, et faisait durer le plaisir. Tous les serviteurs riaient, profitant de ce que le roi dans la jarre ne pouvait pas les voir. Hercule sortit dans la cour, prit le sanglier par les pattes de derrière, tournoya sur lui-même, et le sanglier s'envola par-dessus la muraille.
Eurysthée sortit de la jarre. Ses dents jouaient des castagnettes plus fort que jamais, ses genoux s'entrechoquaient. Il parvint à articuler :
– Au... au travail, Hercule ! Tu... tu dois nettoyer... les écuries d'Augias.
– Me prends-tu pour un garçon d'écurie ?
– C'est l'ordre de la dé... de la déesse Héra. »

redouter : craindre, avoir peur

s'entrechoquer : se cogner l'un contre l'autre

Augias, roi d'Élide, avait d'immenses troupeaux de bœufs, qu'il soignait très mal. Il y avait dans ses écuries une couche de fumier si haute que les bêtes ne pouvaient plus y entrer. Nettoyer ces écuries, n'importe qui aurait pu le faire. Seulement, voilà : Hercule devait le faire en une seule journée. Et cela, c'était au-dessus des forces, même d'un surhomme.

le fumier : le mélange de la litière et des excréments des animaux domestiques

Mais ce n'était pas au-dessus des forces d'un dieu. Un fleuve coulait près des écuries, le fleuve Alphée. En Grèce, en ce temps-là, tous les fleuves étaient des dieux. Des dieux de deuxième catégorie, sans doute, mais enfin, tantôt ils débordaient et noyaient les gens, tantôt ils étaient à sec quand la terre avait soif, bref, ils avaient des caprices imprévisibles et redoutables, comme des dieux. Athéna conseilla à Hercule d'abattre un pan de mur aux deux bouts des écuries d'Augias, et d'aller prier bien poliment le fleuve de sortir de son lit. Avant de commencer, Hercule dit au roi :
« Je nettoie tes écuries, mais tu me donnes un dixième de tes troupeaux. D'accord ?
– D'accord », répondit Augias.

avoir des caprices : faire ce que l'on veut

sortir de son lit : quitter son cours

Hercule alla parler au fleuve. Le fleuve fit un détour, s'engouffra dans la brèche des écuries, emporta tout le fumier. Le soir, les écuries d'Augias étaient propres. Le fleuve retourna dans son lit, Hercule referma les brèches... Augias refusa de payer le prix convenu.

s'engouffrer : pénétrer en masse

une brèche : un trou important

Pis encore : il informa Eurysthée. Et comme Hercule n'avait pas le droit de demander un salaire pour des travaux forcés, Eurysthée refusa de compter le nettoyage des écuries d'Augias. Avec l'hydre de Lerne déjà refusée, Hercule se trouvait condamné à douze travaux.

Le sixième, il est vrai, n'était pas terrible. Du moins, pour un tireur comme lui, armé des flèches d'Apollon.

Il y avait, toujours dans cette Arcadie où il avait attrapé la biche et le sanglier, un bois peuplé de drôles d'oiseaux. Enfin, pas tellement drôles, pour les paysans qui recevaient leurs plumes sur la tête. Il faut dire que les plumes de ces oiseaux-là avaient des hampes en airain, pointues comme des fléchettes ; et ces volatiles aimaient se nourrir de chair humaine. Quand ils avaient faim, ils se déplumaient, et un bombardement de fléchettes tombait sur les paysans. Hercule avait reçu l'ordre d'exterminer ces mangeurs d'hommes jusqu'au dernier.

Malheureusement, dès que leurs sentinelles, qui planaient très haut dans le ciel, aperçurent Hercule, elles croassèrent l'alarme, et tous se réfugièrent dans la forêt.

Comment les faire sortir de là ? Hercule commençait à désespérer quand un vacarme assourdissant roula dans la forêt. C'était Athéna qui frappait sur des gongs de bronze. Les oiseaux affolés s'envolaient,

une hampe : la tige de la plume à laquelle sont fixées les barbes

exterminer : tuer jusqu'au dernier

une sentinelle : une personne qui monte la garde, qui fait le guet

croasser : pousser le cri du corbeau

un gong : un grand disque de métal qui résonne quand on le frappe

Hercule tirait, tirait, et les flèches d'Apollon n'en manquaient pas un.
Cette fois, deux dieux avaient aidé Hercule. Eurysthée aurait bien voulu refuser ce travail, mais l'affaire le dépassait. Si des dieux avaient décidé de soutenir Hercule contre la malédiction d'une injuste déesse, fût-elle leur mère, s'il y avait de la rébellion dans l'Olympe, Eurysthée n'avait qu'à se taire. Et puis, comment savoir si Zeus ne commençait pas à prendre en pitié son fils ? Il en avait grand besoin, Hercule. Car les six autres travaux qui l'attendaient allaient être de plus en plus durs. Et ils allaient l'entraîner loin de la Grèce, jusqu'au bout du monde, et même, dans les Enfers.

la rébellion : la révolte

un toit en terrasse : un toit plat sur lequel on peut profiter du soleil

sacrifier : mettre à mort un animal en offrande aux dieux

Il y avait alors dans une très grande île, la Crète, des hommes qui menaient une vie beaucoup plus douce que les Grecs. Là, point de forteresses grises et tristes comme celle de Tirynthe. Leurs villes étaient faites de maisons blanches, avec des toits en terrasse et des cours intérieures fleuries de roses, de tulipes, de jacinthes. On dansait dans les oliveraies, on allait au théâtre, aux courses de taureaux, mais il n'y avait pas de mise à mort. C'est à cause d'un taureau qu'Hercule dut aller en Crète accomplir son septième travail.

De temps en temps, on sacrifiait un taureau aux dieux. Plus le taureau était beau, plus celui qui l'offrait était béni des dieux. Or, trois princes étaient en compétition pour succéder au roi de Crète, qui venait de mourir. L'un d'eux, Minos, eut l'idée de demander au dieu de la mer, Poséidon, de lui envoyer un taureau superbe, qu'il lui sacrifierait. Comme les Crétois étaient des marins, ils vénéraient tout particulièrement le dieu de la mer, c'est bien compréhensible : si Poséidon favorisait Minos, Minos serait tout désigné pour la royauté. Et les Crétois virent sortir de la mer un taureau fabuleux, le poitrail aussi large qu'un char, les cornes comme des épées. Dans sa robe noire ruisselante, on aurait dit une statue de bronze. Le taureau alla tout droit à la maison de Minos, le peuple acclama Minos, et Minos fut roi.

Seulement, voilà : ce taureau était si beau que Minos ne pouvait pas se résoudre à le sacrifier. Poséidon patienta quelque temps. À la fin, fatigué d'attendre le sacrifice qui lui était dû, il décida de châtier Minos. C'était tout simple. Il rendit le taureau furieux. Alors dans l'île se répandit la terreur. Tantôt il galopait dans les rues avec un roulement de tonnerre, et personne n'osait sortir. Tantôt il vagabondait dans la campagne, pourchassant les vaches et les taureaux ordinaires, brisant les clôtures, saccageant les récoltes. Si quelques paysans désespérés essayaient de le chasser, il les embrochait au passage et il les emportait, accrochés à ses cornes comme de misérables torchons.

saccager : détruire

embrocher : enfiler sur une broche, ici la corne du taureau

Minos avait entendu parler des exploits d'Hercule. Il pria Eurysthée de le lui envoyer.

Hercule débarqua avec son épée, sa massue en bois d'olivier, son arc, les flèches d'Apollon qui ne manquaient jamais leur but et qui, trempées du venin de l'hydre, tuaient à tous les coups.

« Montre-moi ton taureau, dit-il à Minos, je lui fais son affaire.

faire son affaire : tuer *(langage familier)*

– Son affaire ! s'écria Minos. Mais il ne s'agit pas de le tuer ! Que dirait Poséidon, si tu tuais son taureau ? Non, non, pas d'histoires ! Tu le captures vivant, et tu l'emportes. »

Minos conduisit Hercule dans un pré où le taureau était couché, se reposant de ses cavalcades. Hercule poussa un sifflement d'admiration. À côté de cet animal, le sanglier d'Érymanthe n'était qu'un petit lapin.

une cavalcade : une course bruyante

« Me permets-tu de lui couper un jarret avec ma bonne épée ? demanda Hercule.

le jarret : la partie de la jambe située derrière le genou

– Intact ! dit Minos. Tu le captures intact ! »

Hercule se grattait pensivement la tête.

« Que dirais-tu d'un petit coup de massue frontal ? Juste pour l'endormir, le temps que je le ficelle ?

– Par Poséidon ! s'écria Minos. Je t'interdis de faire le moindre mal à cette bête divine ! Tu l'emportes, un point c'est tout. Es-tu Hercule, oui ou non ? »

Hercule était Hercule. Il posa ses armes, s'enveloppa de la peau du lion, et il avança dans le pré, tandis que le roi Minos grimpait dans un platane pour jouir du spectacle en sécurité.

jouir : profiter

Le taureau leva la tête, dressa les oreilles, et il n'en croyait pas ses yeux. Un homme qui osait se présenter devant lui ! Un homme plus grand, plus large qu'il n'en avait jamais vu ! Le taureau se mit sur ses pattes, frémissant de colère. Hercule avançait lentement, les yeux dans les yeux du taureau... Tout d'un coup, l'énorme masse fut sur lui avant qu'il ait pu l'éviter. Le choc l'envoya rouler à dix pas. Mais les cornes n'avaient pas entamé la peau du lion. À peine Hercule s'était-il

frémissant : tremblant

entamer : déchirer

relevé que le taureau chargeait encore. Cette fois, Hercule l'esquiva – mais pas assez : une corne se prit dans le pan de la tunique, et Hercule se retrouva tout nu. À la prochaine charge, les cornes allaient le transpercer aussi facilement qu'un nourrisson... Mais le taureau s'acharnait avec fureur sur la peau du lion, comme si Hercule n'existait plus. Alors une idée germa dans la tête d'Hercule – sans doute était-ce Athéna qui l'y avait mise, car son esprit était moins affûté que ses muscles. Il s'approcha du taureau par-derrière, tira vivement la peau du lion, et il la présenta au taureau. Le taureau chargea droit sur la peau du lion, Hercule esquiva, tenant la peau tendue à bout de bras comme un torero.

esquiver : éviter avec habileté

germer : naître

affûté : vif

Le taureau fit demi-tour, chargea, Hercule esquiva d'une autre passe. Une charge, une passe, Hercule se rapprochait insensiblement du platane où Minos était perché. Encore une charge, encore une passe... et le taureau emporté par son élan planta ses cornes dans le platane, si profondément qu'il ne pouvait plus s'en défaire ! Il secouait cet arbre comme un prunier, Minos là-haut se cramponnait aux branches, et tout ce que le taureau obtint, ce fut de faire tomber le roi comme une prune. Hercule, riant à gorge déployée, lui dit :

« Ramasse ta majesté, Minos, et va me chercher les courroies qui tiennent mon épée et ma massue. » Avec l'une, il ligota les pattes de derrière, et avec l'autre, les pattes de devant. Le taureau cessa de secouer l'arbre et resta immobile, tremblant d'indignation, mais dompté.

Des Crétois sortaient de partout, comme des escargots après la pluie, criant et applaudissant. Hercule demanda une hache, et abattit le platane, qui en tombant fit tomber le taureau. Hercule desserra un peu les entraves, attacha une corde au tronc, et en route ! Le taureau le suivit à petits pas jusqu'au bateau, portant le platane comme un panache sur sa tête. Ils débarquèrent en Grèce, et, l'un tenant l'autre en laisse, ils se dirigèrent vers le palais de Tirynthe où Eurysthée épouvanté supplia Hercule de le débarrasser de cet animal.

à gorge déployée : bruyamment

une courroie : une lanière

dompté : rendu obéissant

une entrave : un lien que l'on attache aux jambes des animaux pour les immobiliser

« Mon travail était d'en délivrer la Crète, dit Hercule. Je l'en ai délivrée. Sans lui faire de mal : il se porte si bien qu'il porte un arbre sur la tête. Tout ce que je peux faire maintenant, c'est de le remettre à la disposition de Poséidon. »
Hercule entailla le platane et l'arracha des cornes du taureau. Puis il défit ses liens. Le taureau partit au grand galop, pétaradant des quatre sabots. Et à compter de ce jour, ce fut dans le royaume d'Eurysthée que le taureau répandit la terreur.
Maintenant, il s'agissait de voler quatre juments. Eh, quoi ! Voler des juments ! Était-ce là un travail d'Hercule ?
Ces juments étaient un peu spéciales. Elles appartenaient à un affreux tyran nommé Diomède, qui régnait en Thrace, dans le nord de la Grèce, sur un peuple mal dégrossi, les Bistones. Et ce méchant roi faisait servir à ses juments, dans de luxueuses mangeoires de bronze, de la chair humaine. Oui, ces juments étaient carnivores, et Diomède découpait ses sujets en morceaux pour les nourrir. Elles avaient un énorme appétit, et elles auraient bien dévoré tous les Bistones si elles n'avaient été, jour et nuit, attachées à des chaînes d'airain. Ainsi, elles ne mangeaient que les Bistones qui avaient le malheur de déplaire à leur roi. C'était encore trop. Hercule avait reçu l'ordre de faire cesser cette barbarie.

pétaradant : en faisant claquer

une jument : la femelle du cheval

mal dégrossi : qui manque d'éducation, brutal *(langage familier)*

une barbarie : une chose atroce, cruelle

Ne marchant que la nuit, se cachant pendant le jour dans les bois, il pénétra dans le royaume des Bistones, atteignit l'écurie sans être vu. Dans l'ombre, il ne distinguait pas les quatre juments, mais au bruit de leurs mâchoires broyant les os, il ne pouvait pas se tromper. En s'approchant, il vit les chaînes d'airain qui luisaient faiblement. Il en prit une à deux mains, banda ses muscles, et brisa la chaîne comme si ce n'était qu'une vulgaire ficelle. La jument, stupéfaite, n'avait pas réagi.

broyant : écrasant

bander ses muscles : les contracter

Mais la seconde... sa mâchoire se referma sur un bras d'Hercule avec un claquement sec... et elle poussa un hennissement de douleur : elle s'était cassé les dents sur la peau du lion. Les deux autres n'essayèrent pas d'y tâter. Hercule noua ensemble les quatre bouts des chaînes, et s'en alla avec son petit troupeau de juments.

un hennissement : le cri du cheval

Seulement, le lendemain matin, quand le roi vint assister au petit déjeuner de ses juments, plus de juments. Plus personne pour manger les sujets du roi Diomède ! Il envoya des éclaireurs dans toutes les directions, et ne tarda pas à savoir de quel côté les juments étaient parties. Au galop, à la tête de ses troupes, il se lança à leur poursuite. Quand Hercule vit approcher ce nuage de poussière, il attacha les juments à un arbre, y appuya son carquois plein de flèches, et attendit de pied ferme. Dès que les cavaliers furent à portée, il se mit à tirer à toute vitesse. Les flèches d'Apollon ne manquaient pas leur but et le venin de l'hydre ne pardonnait pas. Les soldats du roi Diomède, voyant leurs camarades en si grand nombre foudroyés, tournèrent bride, abandonnant leur roi, qui aurait bien voulu les suivre, mais ne le pouvait pas. Car Hercule avait visé son cheval. Non point qu'il eût l'intention de l'épargner : il le gardait pour la bonne bouche de ses juments. Elles étaient affamées, n'ayant rien eu à manger depuis le cambriolage. Elles n'en firent que quatre bouchées, chacune une.

Ce roi était si mauvais qu'il les dégoûta de la chair humaine. Et Hercule ramena à Tirynthe des juments qui broutaient l'herbe. C'était bien dommage : si elles avaient mangé Eurysthée, cela aurait épargné à Hercule des travaux beaucoup plus dangereux.

un éclaireur : un soldat qui va au-devant des troupes pour localiser l'ennemi

de pied ferme : résolument

foudroyé : anéanti

tourner bride : faire demi-tour (à cheval)

épargner : laisser la vie sauve

une partie de plaisir : quelque chose de facile à réaliser

une escale : un arrêt dans un port au cours d'un voyage en bateau

un détroit : un bras de mer entre deux terres

Ce travail-là avait tout l'air d'une partie de plaisir : naviguer dans la mer Égée, avec des escales dans des îles enchantées, franchir les détroits de l'Hellespont et du Bosphore, déboucher dans la mer Noire... les touristes aujourd'hui paient cher pour faire cette croisière. Et au bout du voyage, qu'est-ce qui attendait Hercule ? Le fabuleux royaume des Amazones !

Il valait le déplacement, ce royaume. Les Grecs en rêvaient. Ils en rêvaient, mais ils se gardaient bien de s'y aventurer. Les Amazones étaient des guerrières redoutables. Pour mieux tirer à l'arc, elles se coupaient le sein droit. Elles vivaient sans hommes. En vérité, elles étaient invincibles, parce que le dieu de la guerre, Arès (qui s'appela ensuite Mars), les protégeait. Il avait même donné à la reine des Amazones, Hippolyté, une ceinture qui symbolisait sa protection.

symboliser : représenter

pas banal : extraordinaire

Et voilà que la fille d'Eurysthée, une enfant gâtée, désirant un cadeau pas banal pour épater ses amies, disait à son père :

« Papa, je veux la ceinture de la reine des Amazones ! »

Eurysthée trouva que c'était une excellente idée pour embêter Hercule. À titre exceptionnel, il lui accorda la grâce d'embarquer sur son bateau un équipage de marins d'élite. L'armée des Amazones était alignée sur la plage, la reine à quelques pas

d'élite : les meilleurs

devant les arcs bandés. Hercule intrépide sauta dans l'eau, suivi de ses marins, tous prêts à livrer un farouche combat. Ils avançaient maintenant sur le sable, lentement... La reine ne donnait pas l'ordre de tirer. Et voici, ô miracle ! qu'Hippolyté ordonnait à ses Amazones de débander leurs arcs ! Voici qu'elle se prosternait devant Hercule ! Elle, la reine des femmes invincibles, sitôt qu'elle avait vu paraître ce supermâle, elle avait reconnu son maître, elle en était tombée amoureuse... L'honneur des hommes grecs était sauvé.
Elle offrit un festin à Hercule et à ses compagnons.

farouche : acharné

Ensuite, elle se retira dans ses appartements avec Hercule, lui permit de dénouer sa ceinture, et avec elle lui donna ses pouvoirs.

Ah ! oui, il méritait le voyage, ce royaume des farouches Amazones ! Elles étaient aux petits soins pour leurs hôtes, elles les baignaient, elles les oignaient d'huile douce, elles les abreuvaient de leur hydromel de derrière les fagots, elles les caressaient, enfin ils se trouvaient si joliment bichonnés qu'ils n'étaient pas du tout pressés de repartir avec la ceinture. Pour un travail d'Hercule, c'était un drôle de travail, et cela ne faisait pas du tout l'affaire d'Héra qui, dans les jardins de l'Olympe, allait et venait à grands pas, les mains derrière le dos, ruminant sa colère et cherchant le moyen de mettre du gâchis dans ce bonheur-là. Hercule lui-même lui fournit ce moyen, le jour où il dut se résoudre, la mort dans l'âme, à dire à Hippolyté :

« Très chère reine, il est temps que je songe au départ. Déjà je me suis trop attardé dans les délices que je trouve auprès de toi.

– Partir ! s'écria la reine. Mais pourquoi ? N'es-tu pas heureux de régner sur mon cœur et sur mon royaume ?

– Je suis heureux comme un roi, répondit Hercule, mais il faut que je te l'avoue : je ne suis qu'un esclave condamné à des travaux forcés par une

être aux petits soins : veiller à ce qu'une personne ne manque de rien

oindre : enduire

l'hydromel : une boisson au miel

de derrière les fagots : excellent

bichonné : dont on s'occupe avec soin *(langage familier)*

la mort dans l'âme : à contrecœur

injuste déesse. D'autres travaux encore m'attendent, auxquels il ne m'est pas permis de me soustraire. »
Hippolyté versa d'abondantes larmes. Quand elle eut assez pleuré, sa résolution était prise :
« Je partirai avec toi », dit-elle.
Hercule eut beau lui représenter qu'elle s'exposait à des malheurs sans nom, elle ordonna à ses servantes de préparer ses bagages.
Alors le bruit se répandit parmi les Amazones qu'Hercule allait enlever leur reine. Hippolyté fit annoncer qu'elle partait de sa propre volonté. Les esprits n'en furent pas apaisés. Parce qu'une Amazone qui avait la langue particulièrement pointue allait des unes aux autres, disant :
« Comment une reine des Amazones est-elle tombée si bas qu'elle nous abandonne pour suivre un homme ? Allons-nous supporter qu'elle renie le mépris des hommes qui a fait notre gloire entre toutes les femmes de la terre ? »
Cette Amazone était une fieffée contestataire que la reine avait éloignée à la garde des frontières, et chacune s'étonnait bien un peu de la voir, mais on l'écoutait sans trop réfléchir, tant l'émotion échauffait les esprits. En fait, cette Amazone n'était autre qu'Héra elle-même qui en avait pris le visage – pour cette ruse, elle n'avait eu qu'à s'inspirer de Zeus chez Amphitryon.

se soustraire : échapper

apaisé : calmé

renier : abandonner quelque chose à quoi on tenait

le mépris : le peu de considération

une fieffée contestataire : une personne qui fait des critiques incessantes

« Aux armes, Amazones ! criait-elle. Aux armes, pour l'honneur de la reine ! »
Et les flèches de pleuvoir sur Hercule et ses compagnons. La petite troupe se repliait en bon ordre vers le rivage, protégeant la reine derrière les boucliers. Hercule, invulnérable dans la peau du lion, décochait des flèches empoisonnées, fauchant les Amazones.
Soudain, Hippolyté, écartant le rempart des boucliers, surgit entre les combattants, criant à ses guerrières :
« Arrêtez ! Arrêtez ! Je suis libre ! Je suis libre ! »
Une flèche vint se planter dans sa poitrine. Elle tomba en murmurant :
« Je suis libre d'aimer... »
Hercule s'agenouilla près d'elle. Il soutenait dans le creux de son bras le visage de cette femme si digne d'être aimée. Le plus valeureux des hommes, la plus valeureuse des femmes, les yeux dans les yeux, auraient voulu arrêter le temps... La lumière s'éteignit dans les yeux de la reine des Amazones.

s'agenouiller : se mettre à genou

être digne de : mériter

Hercule rapporta la ceinture à Eurysthée. Mais sa fille fut bien déçue : Héra, mécontente du mal qu'elle avait dû se donner, confisqua la ceinture. Elle ordonna à Eurysthée de l'apporter dans son temple et de la mettre à sa statue.

Avec tous ces travaux, Hercule n'avait pas quitté la terre. Sans doute, le royaume des Amazones était un pays inconnu et étrange ; tout de même, ce n'était pas beaucoup plus loin que le fin fond de la Méditerranée. Mais l'île Rouge ! Elle était au bout du monde, cette île, quelque part dans les lointains de l'Occident où chaque soir s'engloutit la boule rouge du soleil... On ne savait qu'une chose : son roi, Géryon, était un cruel géant à trois têtes qui dévorait les hommes assez fous pour venir chez lui. Eh bien ! Il fallait qu'Hercule y aille. Qu'il le tue. Et qu'il ramène, pour preuve, les bœufs de Géryon. Tout cela était facile à dire, mais d'abord, par où passait-on, pour aller au bout du monde ? Par la mer ? Hercule ne se sentait pas assez bon marin pour un pareil voyage. Il partit à pied, par l'Afrique du Nord. Et il marcha, marcha... Le soleil tapait dur, Hercule suait à grosses gouttes dans la peau du lion.

Un jour, n'y tenant plus, il se mit à insulter le soleil. Comme le soleil n'en brillait pas moins, il brandit son arc en hurlant : « Prends garde, Soleil ! Si je tire, je te crève comme une outre ! Ces flèches ne manquent jamais leur but, car Apollon me les a données, Apollon, le plus beau des dieux ! »

Or, il y avait une chose que les hommes ne savaient pas encore. Apollon n'était pas seulement le dieu de la musique : Zeus l'avait promu dieu du soleil, à

s'engloutir : disparaître

le soleil tapait dur : il faisait très chaud *(langage familier)*

une outre : un sac de peau qui set de gourde

déployer : étendre

l'Orient : l'ensemble des pays d'Asie situés à l'Est de l'Europe

cause de sa chevelure blonde, brillante comme les rayons du soleil. Apollon, charmé de s'entendre proclamer le plus beau des dieux, n'eut qu'un mot à dire au soleil, et le soleil permit aux nuages de venir déployer leur ombre au-dessus de la tête d'Hercule. Mieux encore : Hercule entendit une voix qui descendait du ciel. C'était le soleil qui lui parlait, tout simplement, et lui disait :
« Mon pauvre Hercule ! Jamais tu n'atteindras l'île Rouge où je me couche, par-delà les terres habitées, au milieu de l'océan immense. Comment irais-tu là-bas à pied ? Mais, vois : j'ai pitié de toi. Je vais te prêter la coupe d'or plus rapide que le vent qui, chaque nuit, quand je me suis couché sur la mer occidentale, me ramène à l'Orient pour une autre course dans le ciel. Promets-moi seulement de me la rendre ce soir. Sinon, demain ne serait pas un autre jour.

Hercule n'en croyait pas ses oreilles. Il se demandait s'il n'avait pas attrapé un coup de soleil... mais non : la coupe d'or était là, devant lui, plus vaste qu'aucun navire jamais vu. Hercule y embarqua, la coupe d'or partit comme une fusée. La terre d'Afrique, puis la Méditerranée défilaient sous lui à toute vitesse. En un rien de temps, il fut au bout de la mer, à un endroit où une étroite bande de rochers, entre l'Afrique et l'Europe, la fermait. Et au-delà, s'étendait à perte de vue la mer Océane.
« Si ces deux mers communiquaient, se dit-il, ce serait pratique pour les bateaux. »
Et il dit au soleil :
« Tu ne voudrais pas faire descendre un peu ta coupe, juste le temps d'un petit travail ? »
Hercule, on le voit, n'était pas paresseux, et il pensait aux autres. La coupe descendit au ras des vagues, Hercule saisit son épée et, au passage, han !

ne pas en croire ses oreilles : être stupéfait

vaste : grand

il fendit en deux le rocher. Ainsi fut ouvert le détroit que les Anciens appelèrent les Colonnes d'Hercule, et que nous appelons Gibraltar.

Quelques minutes plus tard, la coupe d'or le déposait dans l'île Rouge. Les algues du rivage, les arbres tordus par le vent, l'herbe, tout était rouge, sauf les bœufs qui étaient blancs. À part les bœufs, faciles à repérer, on ne voyait pas âme qui vive, pour la raison que les hommes qui s'étaient aventurés jusqu'ici étaient tous morts et dévorés. Et Hercule ne voyait pas non plus Géryon, le géant dévoreur à trois têtes, pour la raison qu'il était rouge de colère. Géryon, lui, l'avait vu atterrir et il le guettait. Alors qu'Hercule passait près d'un arbre, trois têtes surgirent. Mais il se méfiait, il fit

il n'y a pas âme qui vive : il n'y a personne

surgir : apparaître brusquement

un bond en arrière, et les trois mâchoires claquèrent dans le vide. Aussitôt, vite, trois coups de massue, et trois têtes fracassées.
Il n'y avait plus qu'à rassembler les bœufs. Hercule les embarqua dans la coupe d'or du soleil, qui déposa tout le monde sur la terre ferme. Non pas en Grèce, cependant, car la nuit tombait, et le soleil avait besoin de sa coupe volante pour se faire transporter à l'Orient : Hercule se retrouva en Ibérie, que nous appelons Espagne. Il ne pouvait pas revenir par l'Afrique, puisqu'il avait fendu la terre au détroit de ses Colonnes. Il prit par le sud de la Gaule, poussant devant lui son troupeau. Il mit si longtemps pour atteindre la Grèce qu'Eurysthée le croyait mort, et s'en réjouissait. Il lui fallut déchanter : Hercule était revenu. Avec ces superbes bœufs blancs qu'Eurysthée voyait déjà dans ses troupeaux. Il lui fallut encore déchanter : il dut remettre les bœufs comme la ceinture de la reine des Amazones, au temple d'Héra.

déchanter : perdre ses illusions

Dix travaux ! Normalement, Hercule avait fini de travailler. Mais comme Eurysthée avait décidé que deux d'entre eux n'étaient pas valables, il était bon pour deux encore, et cela ferait la douzaine.
Jusque-là, si l'on regarde bien, tous ses travaux avaient été un combat contre le mal. Sauf deux, peut-être, dont on pourrait discuter.

un cas pendable : un mauvais cas

La reine des Amazones n'était point une méchante reine mais ces femmes qui méprisaient les hommes, c'était, aux yeux des Grecs, un cas pendable. La biche de Cérynie, quel mal avait-elle fait ? Aucun, mais elle était la biche sacrée d'Artémis, déesse sauvageonne qui se moquait des hommes : toujours un cas pendable. Quant aux autres travaux, pas de doute : le lion de Némée, le sanglier d'Érymanthe, les oiseaux et les juments qui dévoraient les humains, le taureau de Minos qui les terrorisait, l'hydre de Lerne qui jetait son venin dans les cœurs : le mal ! Le mal qu'Hercule avait vaincu. Et les écuries d'Augias ! En vérité, Hercule était le grand balayeur du mal.

triompher : vaincre

Mais cette expédition dans l'île Rouge d'où aucun homme jamais ne revenait ? Eh bien ! il s'agissait de savoir si Hercule était capable de triompher du plus grand mal qui afflige les hommes : la mort. Il l'avait fait. Il avait donc mérité l'immortalité promise.

Seulement, voilà : il devait accomplir encore deux travaux en supplément au programme. Et ceux-là, Héra les avait choisis à la hauteur d'un immortel. L'un allait le conduire au paradis terrestre – s'il était capable d'y aller. Et l'autre, dans les Enfers – s'il était capable d'en revenir.

Quand Héra avait épousé Zeus, sa mère, Gaia, qui n'était autre que la Terre, la vieille Terre mère de toutes choses, lui avait donné en cadeau de noces des pommiers. Cela n'avait pas l'air d'un cadeau somptueux, des pommiers. Mais ils poussaient dans un jardin enchanté, dont les jardinières, les Hespérides, étaient des femmes de toute beauté. Leurs pommes étaient en or et assuraient une éternelle jeunesse. Le jardin des Hespérides, c'était le paradis terrestre. Malheureusement, personne ne savait où il était.

somptueux : magnifique

D'ailleurs, si les hommes avaient pu trouver le paradis, ils n'auraient pas pu y entrer, car il était gardé par un serpent nommé Ladon qui avait cent têtes, et autant de batteries de crocs dont le venin était pire que celui de l'hydre.

Hercule devait aller chercher les pommes d'or du jardin des Hespérides ni plus ni moins.

Hespérides, cela voulait dire « filles du couchant ». Mais le couchant, Hercule en revenait, il savait qu'il était vaste. Si encore Apollon avait pu lui prêter la coupe du soleil pour explorer les terres de l'Occident ! Mais Héra, furieuse contre son fils, l'avait prévenu : s'il recommençait, elle le jetait en bas de l'Olympe, et il ne serait plus parmi les hommes qu'un mendiant jouant de la lyre.

le couchant : l'ouest, l'endroit où se couche le soleil

Hercule reprit la route de l'ouest par l'Afrique. Et il marcha et transpira jusqu'aux bords de la mer

Océane, pas très loin de l'endroit où il avait taillé ses Colonnes dans le rocher. Là, il ne pouvait pas manquer de voir le géant Atlas, qui soutenait le ciel. Et il était bien content de le voir : c'était exactement ce qu'il cherchait. À vrai dire, Hercule n'y aurait pas pensé tout seul. C'était une idée d'Athéna, toujours fidèle à sa promesse de l'aider en cas de besoin.
Il faut savoir qu'Atlas appartenait à une bande de géants, les Titans, qui s'étaient révoltés contre Zeus. En châtiment, Zeus avait condamné Atlas à soutenir le ciel. Et il était là, tout droit avec le ciel sur le dos.

Or, Atlas était le père des Hespérides... Hercule se planta devant lui, et il lui dit ces paroles enduites de miel, qu'Athéna lui soufflait dans l'oreille :
« Fier Titan, j'admire ta puissance, ton endurance, ta patience à porter ce fardeau céleste. Tu dois avoir envie de te dégourdir les jambes. Te plairait-il d'aller faire une petite promenade dans le jardin des Hespérides ? Je suis chargé d'une mission de la plus haute importance : Héra désire que je lui rapporte ses pommes. Tes filles ne te les refuseront pas, tu seras agréable aux dieux, et tu auras pris un repos bien mérité. Car, pendant ce temps, je porterai le ciel. »

des paroles enduites de miel : des flatteries

le fardeau céleste : la charge du ciel

Mais, lorsque Atlas revint avec les pommes, il avait pris goût à la liberté, et lui dit :
« Fier Hercule, j'admire ta puissance, ton endurance, etc. Jamais le ciel n'a été plus fermement soutenu. Aussi irai-je moi-même porter les pommes d'Héra. »
Par Zeus ! Hercule n'avait pas prévu ce tour-là. Bouillonnant de fureur, il allait sauter sur Atlas, et le ciel tomber sur la tête des hommes... Athéna le retint, et lui souffla ces paroles ailées :
« Fier Titan, tu as les pommes, et je comprends que tu tiennes à te faire bien voir des beaux yeux d'Héra. Cependant, ton absence sera longue, et je ne suis pas aussi robuste que toi. Soutiens le ciel un instant, que je mette un coussin sur ma nuque. »
Atlas soutint le ciel, Hercule ramassa les pommes et s'enfuit d'un pied léger. Il n'avait pas vu le paradis, mais le serpent aux cent têtes ne l'avait pas

un goujat : une personne mal élevée

y rester : mourir *(langage familier)*

un gouffre : un trou large et profond, un abîme

piqué, et il rapportait les pommes d'or de l'éternelle jeunesse. Eurysthée, les voyant, sauta de joie. Erreur : elles n'étaient pas pour ce goujat. Ni pour aucun homme, d'ailleurs. Héra ordonna à Athéna de les rapporter au jardin des Hespérides. Hercule n'avait plus qu'à descendre dans les Enfers, et à en rapporter Cerbère, le chien de garde des morts. Eurysthée espérait bien qu'il y resterait. Pour trouver l'entrée des Enfers, il n'était pas besoin d'aller loin : c'était dans le sud de la Grèce, au cap Ténare (presque en face de l'île de Cythère où les amoureux vivaient leurs plus beaux jours), un gouffre qui plongeait dans les profondeurs de la terre. La porte des Enfers était juste à côté du bonheur. Mais seuls les morts franchissaient cette porte. Hercule, lui, devait la franchir vivant. Et là, Athéna pourrait-elle l'aider ?

Elle l'attendait à l'entrée du gouffre. À côté d'elle se tenait un jeune dieu qui portait des petites ailes à son casque et à ses chevilles, Hercule ne pouvait pas s'y tromper : il avait devant lui Hermès, frère d'Athéna, le guide des voyageurs sur la terre et des morts dans le grand voyage souterrain. Hermès avait un sourire moqueur, il était toujours prêt à jouer un tour aux autres dieux.

« Donne-nous la main, dit Hermès, et n'aie pas peur. »

Peur, lui, Hercule ! Il donna quand même la main à Hermès et à Athéna, comme un petit garçon, et ils s'enfoncèrent dans l'antre de la terre.

C'était tout noir, mais on y voyait un peu grâce aux yeux d'Athéna qui brillaient comme deux phares. Des chauves-souris voletaient en zigzag, une chouette vint se poser sur l'épaule d'Athéna. Plus ils descendaient, plus il faisait chaud. Une vapeur qui ruisselait sur les parois obscures semblait monter d'une chaudière. Un sourd grondement grandissait... À un détour du souterrain, ils se trouvèrent soudain au bord d'une rivière bouillonnante et fumante, le Styx, qui marquait la frontière des Enfers. Là, le passeur des morts, Charon, attendait ses clients. Voyant Hercule en si belle compagnie, il n'osa pas lui demander son acte de décès. Charon les fit monter dans sa barque et les transporta sur l'autre rive, d'où personne jamais ne revient.

un antre : une habitation souterraine et mystérieuse

ruisseler : couler sans arrêt

un sourd grondement : un bruit qui paraît éloigné, étouffé

l'acte : le certificat

Ils marchèrent longtemps dans une espèce de désert grisâtre, constitué de millions de carapaces d'insectes qui craquaient sous les pieds. Enfin, ils arrivèrent devant une porte de basalte noir, qui s'ouvrit toute seule devant Hermès. Après cette porte, il y en avait une autre, et encore une autre, il y en avait sept, et toutes se refermaient derrière eux. Quand la dernière porte se referma, Hercule crut que son dernier jour était venu. Un chien à trois têtes, Cerbère, le portier des Enfers, retroussait ses babines sur ses dents pointues.

le basalte : une roche volcanique sombre

retrousser ses babines : relever les lèvres pour montrer les dents

Mais cette bête féroce, voyant Hermès, agita joyeusement la queue et vint lui lécher les mains avec ses trois langues.

« Il m'aime bien, dit Hermès, parce que je lui amène toujours des morts.

– Mais... mais... bredouilla Hercule, est-ce que je suis mort ? »

Hermès lui jeta un coup d'œil narquois…

« Tu as l'air plus mort que vif, dit-il en riant. On pourrait s'y tromper.

– Un chien, peut-être, dit une voix tonnante, mais pas moi. »

Qui parlait ? Hercule avait beau écarquiller les yeux, il ne voyait que des ombres silencieuses, presque transparentes, qui semblaient flotter le long des parois rocheuses : les morts...

narquois : moqueur

être plus mort que vif : être paralysé par la peur

écarquiller les yeux : ouvrir très grand les yeux

« Avance ! » dit la voix, roulant de roc en roc comme le tonnerre dans les montagnes.
Hermès et Athéna avancèrent lentement, tenant Hercule par la main. Les cavernes succédaient aux cavernes, reliées entre elles par un dédale de tunnels. Et partout, ces ombres impalpables... On avait l'impression de passer à travers elles.
« Tournez à droite ! Tournez à gauche ! » commandait la voix.
Ils débouchèrent dans une caverne si vaste que l'on n'en distinguait ni les parois ni la voûte. Ils s'immobilisèrent devant un trône de pierre, ou plutôt une colonne, et là-haut était assis Hadès aux sourcils broussailleux, le dieu qui gouvernait le royaume des morts.
Athéna et Hermès abandonnèrent la main d'Hercule, non sans qu'Hermès lui ait chuchoté à l'oreille : « Tiens ta massue prête. »
Hermès se prosterna respectueusement, puis il dit : « Grand Hadès, dieu redouté de tous qui règne sur les morts, pardonne-moi d'avoir conduit jusqu'à toi un vivant...
– Que m'importe ! gronda Hadès. Il ne sortira pas vivant d'ici.
– Pardonne-moi, reprit Hermès d'une voix doucereuse, il est en service commandé. Héra elle-même lui a ordonné de descendre au royaume souterrain…

un dédale : un réseau enchevêtré

impalpable : que l'on ne peut toucher

la voûte : la partie supérieure

broussailleux : épais

une voix doucereuse : une voix aimable qui n'est pas sincère

être en service commandé : accomplir un travail donné par un supérieur

– Qui commande, ici ? tonna Hadès. L'épouse de Zeus se croit-elle tout permis ?
– Pardonne-moi, poursuivit Hermès sans s'émouvoir, cet homme-là n'est pas comme les autres. Viens le regarder de près. Il est fils de Zeus et d'Alcmène, la plus belle des femmes. »
Hadès descendit de sa colonne. Une longue langue rouge sortait de sa bouche comme un jet de flamme. Il vint regarder Hercule sous le nez. « Et alors ? dit-il. Est-il dieu ? Est-il immortel ? Non, n'est-ce pas ? Donc, c'est un homme mort et... » Hadès s'affaissa mollement. Hercule lui avait donné sur la tête un petit coup de massue, avec tout le respect qu'il devait à un dieu.
Hermès lui conseilla d'aller se faire soigner dans l'Olympe et entraîna Hercule vers la sortie en courant dans le dédale des cavernes.
Athéna y était déjà, abreuvant de paroles de miel Cerbère, qui semblait fasciné par la lumière de ses yeux.
Hercule, tout fier d'avoir assommé le roi des morts, avait retrouvé son courage intrépide. Il caressa Cerbère, et Cerbère remua la queue. Il commanda : « couché ! », et Cerbère se coucha. Alors il prit les lanières qui avaient maîtrisé le taureau de Minos, les enroula autour des trois cous du chien. Et il remonta sur la terre, tenant en laisse le portier des Enfers.

abreuver de paroles : étourdir quelqu'un en parlant continuellement

En émergeant du gouffre, Hermès lui dit avec son sourire moqueur :
« Rien n'est impossible, Hercule, quand on n'a pas peur de la mort ! »
Hercule allait répondre qu'il avait eu très peur… trop tard : Hermès et Athéna avaient disparu.
À Tirynthe, Eurysthée, voyant arriver Hercule avec Cerbère en laisse, plongea dans la jarre. Il n'en ressortit qu'après qu'Hercule eut renvoyé Cerbère aux Enfers.
Dans l'Olympe, Hadès gémissait, se plaignait à Zeus :
« Tâte, grand Zeus ! Tâte la bosse de mon crâne ! Ton fils a osé me faire ça, à moi qui règne sur les morts ! Qu'est-ce que nous allons devenir, nous, les dieux, si tu permets qu'un simple mortel commette un tel outrage ? »

un outrage : une grave offense

Mais Zeus, loin de prendre en pitié Hadès, riait. Tous les dieux riaient de plaisir. Même Héra, ô miracle, riait !

« Mon fils n'est plus un simple mortel, dit Zeus. Par ses travaux surhumains, il a mérité de devenir immortel. Et puisqu'il doit cette gloire aux épreuves qu'Héra lui a imposées, je déclare qu'il sera pour toujours Héra cléos – "la gloire d'Héra"*.

– Je suis heureuse, dit Héra, que tu reconnaisses enfin mon pouvoir. Tu n'avais engendré qu'un homme. Par les peines et les travaux que je lui ai infligés, j'en ai fait l'égal des dieux. J'engage ici ma parole : le jour où il viendra se joindre à nous dans les délices de l'Olympe, je lui donnerai en mariage ma fille Hébé, déesse de l'éternelle jeunesse. »

engendrer : donner naissance

infliger : faire subir quelque chose de pénible

** En déformant un peu ce nom, les Grecs l'appelèrent Héraclès, et nous Hercule.*

Jean-Luc Loyer

Victor
le voleur de lutins

l'orée :
la lisière, la limite

se prénommer :
s'appeler

Il était une fois, à l'orée d'une forêt imaginaire...
HOU, HOU! MADEMOISELLE LA COCCINELLE!
JE NE VOUS VOIS PLUS!! OÙ ÊTES-VOUS?
un lutin se prénommant Corentin...
... Oh, pas un minuscule lutin, non... mais un bonhomme haut comme un petit garçon, comme une petite fille... Or, ce jour-là...
HO!!
BIN ÇA ALORS! C'EST INCROYABLE!
SCRUNCH SCRUNCH SCRUNCH...
DE TOUTE MA VIE, C'EST LA PREMIÈRE FOIS QUE JE VOIS UN ANIMAL DE LA SORTE! QUELLE ÉTRANGE VACHE...
... JE ME DEMANDE QUEL HASARD A BIEN PU VOUS MENER AUSSI LOIN DE CHEZ VOUS...
HOHO... JE CROIS QUE JE COMMENCE À COMPRENDRE...
1

ne pas s'y fier :
se méfier

un nabot :
une personne
de petite taille
(moquerie)

SANS DOUTE ÊTES-VOUS L'ANIMAL CHARGÉ DE TIRER...
CETTE JOLIE PETITE ROULOTTE!
VICTOR
NE T'Y FIE PAS, BONHOMME...
SAUVE-TOI PENDANT QU'IL EN EST ENCORE TEMPS!!
CELUI À QUI APPARTIENT CECI EST LE PIRE DES MONSTRES. SAUVE-TOI, VITE!
UNE FOIS DE PLUS, CET EMPLUMÉ PARLE FORT JUSTE!! TU AURAIS DÛ L'ÉCOUTER, NABOT!
HÉLAS!
C'EST TROP TARD, MAINTENANT!
TU ES À MOI! TU M'APPARTIENS! HAHAHA!!
MAIS...
PLAF!
SNIFF... PAUVRE PETIT LUTIN... IL N'A VRAIMENT PAS DE CHANCE...
2

une attraction :
un divertissement

inédit :
jamais vu

Quelques jours plus tard, non loin de Jaune-Lune, la capitale, se déroule une bien étrange attraction...
APPROCHEZ, MESDAMES ET MESSIEURS
APPROCHEZ... VENEZ VOIR UN SPECTACLE MAGIQUE !
...INÉDIT ENTIÈREMENT DE MON INVENTION
VICTOR
...DE CE SIMPLE SAC L'ÉMERVEILLEMENT VA SURGIR, LÀ, DEVANT VOS YEUX...
... ET TOUT CELA RIEN QUE POUR VOTRE PLAISIR !!

vulgaire :
ordinaire

ZOU !! ET VOILÀ !!
ALORS? ÇA VOUS EN BOUCHE UN COIN... NON?
BIN QUOI...
C'EST ÇA LE TRUC MAGIQUE?
HA BON!
C'EST JUSTE UN VULGAIRE PANTIN DE BOIS !!
HA! HA! QU'ILS SONT BÊTES...
CE N'EST PAS TANT L'OBJET, QUE JE VOUS DEMANDE DE REGARDER ...
...MAIS L'HABILETÉ QUI EST MIENNE... VOYEZ PLUTÔT...
...ET HOP LÀ ! C'EST PARTI !

la clé de l'énigme :
la solution

TSING
TSING
TSING
TSING
TSING
BIN ÇA ALORS! C'EST STUPÉFIANT!!
QUEL SUPERBE SPECTACLE! QUEL TALENT VOUS POSSÉDEZ!!
ON JURERAIT QU'IL EST VIVANT!!
OUI, COMME À LA TÉLÉ!
HA HA... MERCI, MAIS JE DOIS VOUS AVOUER...
...JE TRICHE... J'AI LÀ, SOUS MON TEE-SHIRT UN PETIT SECRET...
UN SECRET?!
ON VEUT SAVOIR M'SIEUR!! ON VEUT SAVOIR VOTRE TRUC!!
HÉ! HÉ!... CECI!! LA CLÉ DE L'ÉNIGME!!
UN PRODUIT DE MON INVENTION, 100% ACTIF...
Victor potion magique

ventriloque :
capacité d'émettre
des sons sans
remuer les lèvres
qui fait croire
que c'est une
marionnette
qui parle

... TOTALEMENT ENRICHI EN "LIPOSOME" ...
VENU DES AMÉRIQUES PAR CHARIOT VOLANT...
...IL VOUS DONNERA MON HABILETÉ, MON INTELLIGENCE...
ET C'EST PAS PEU DIRE... LE PRIX DE CETTE MERVEILLE?
10 FRANCS SEULEMENT 10 FRANCS LE FLACON!
... ET 10 FRANCS C'EST PAS CHER !!
OUPS!
HÉ, MAIS IL PARLE EN PLUS!!
HA HAHA! ...
HEU ...IL EST MARRANT... C'EST... HEU...
LA POTION! ELLE REND VENTRILOQUE EN PLUS!
OUI, C'EST ÇA!
HÉ! HÉ! INCROYABLE NON!
ALLONS, MES AMIS, ALLONS!! LAISSEZ-VOUS TENTER ET DEMAIN,
VICTOR
HOTEL BA
QUAND JE SERAI LOIN, VOUS NE SEREZ PLUS LES MÊMES!!

effectivement :
vraiment

une combine :
une affaire
malhonnête

un scrupule :
un remord

GROS CORNICHON STUPIDE !! ENCORE UN PEU, TA GRANDE LANGUE FICHAIT TOUT PAR TERRE !!
ANDOUILLE !! TU VEUX DONC QUE LA POLICE DÉCOUVRE NOTRE PETITE COMBINE ?
HAHA ! REMARQUE, SANS LE VOULOIR, TU M'AS DONNÉ UNE PETITE IDÉE...
POUR LE PROCHAIN SPECTACLE...
JE DIRAI QUE LA POTION REND EFFECTIVEMENT VENTRILOQUE ET TU CHANTERAS...
VOUS AUTRES LUTINS, DEVEZ CONNAÎTRE QUELQUES TUBES À LA MODE...
UNE CHANSON DOUBLERAIT NOS VENTES... PEUT-ÊTRE QU'ENSUITE, UNE CASSETTE...
HA NON !! JAMAIS ! JE NE FERAI PAS LE PANTIN TOUTE MA VIE !!...
ALLONS, ALLONS...
... PENSE À NOTRE MARCHÉ PETIT...
NE L'ÉCOUTE PAS, CORENTIN, C'EST UN FILOU ! UN MENTEUR ...
CE TYPE N'A AUCUN SCRUPULE À EMPOISONNER DE PAUVRES GENS...
7

la fermer :
se taire
(langage familier)

cupide :
qui aime l'argent

avare :
qui n'aime pas dépenser son argent

des sornettes :
des bêtises

s'aviser de :
oser

SA POTION, EST AUSSI MAGIQUE QUE DE L'EAU DE VAISSELLE!!
C'EST UN GROS BRIGAND...
DE QUOI JE ME MÊLE!! FERME-LA, SAC À PLUMES!!!
IL N'A PAS DE REMORDS À RENDRE LES ENFANTS MALADES EN LEUR FAISANT CROIRE À DES SORNETTES...
IL EST CUPIDE...
AVARE ET VOLEUR...
IL N'A PAS DE COEUR, PAS DE SENTIMENTS, PAS D'ÂME...
PAS DE...
MAIS IL A UN PISTOLET!!
HÉ! HÉ!
ALORS ÉCOUTE, CORBEAU DE MALHEUR!!
SI LE LUTIN S'AVISE DE ROMPRE NOTRE ACCORD ET DE NE PLUS FAIRE CE QUE JE LUI DEMANDE...
TU PASSES À LA MARMITE ET AVEC DES CHAMPIGNONS, COMPRIS?
BIEN! ARRÊTONS-NOUS ICI POUR LA NUIT...
VICTOR

grandiose :
magnifique

typiquement :
vraiment

... DEMAIN, UNE LONGUE ROUTE NOUS ATTEND ENCORE ...
... ET UN SPECTACLE GRANDIOSE À DONNER !!!
... ALORS, LE GNOME, RÉVISE QUELQUES CHANSONS ET REPOSE-TOI ...
VICTOR
SI LE SOMMEIL VENAIT À TE MANQUER ... UN P'TIT CADEAU !
... TYPIQUEMENT HUMAIN ...
HA HA HA !
L'AMOUREUX
LE DIABLE
PG

satisfaire :
faire plaisir

...MAIS QU'AVEZ-VOUS CLÉMENTINE, MA FILLE, MA BIEN-AIMÉE PETITE FILLE ?...
...QUE N'AI-JE POINT FAIT POUR VOUS SATISFAIRE? ...VOUS AVEZ TOUT ! ...
...TOUT CE À QUOI UNE PRINCESSE DE VOTRE ÂGE PUISSE RÊVER ...
...REGARDEZ, CE SOIR ENCORE, J'AI UNE NOUVELLE SURPRISE POUR VOUS ! ...
RUE DU SOLEIL
TITANIC
Jolis Jouets
40

en cours de route :
pendant le chemin

rouspéter :
gronder
(langage familier)

à mon égard :
envers moi

probable :
presque certain

IL S'APPELLE KLÉBER ET C'EST UN TROUBADOUR ...
SPÉCIALISTE EN HISTOIRE DE TOTO...
(SOUPIR)
BAJOUR!
CET APRÈS-MIDI, IL A FAIT MOURIR DE RIRE LA COUR TOUT ENTIÈRE!
ÉCOUTEZ ...
ALLONS, KLÉBER, LA CHANSON NUMÉRO 28, CELLE DES SAUCISSES...
À LA FOIRE DE L'EST TOTO S'EN EST ALLÉ...
ACHETER LES SAUCISSES QUE SA MÈRE AVAIT COMMANDÉES... MAIS EN COURS DE ROUTE, CE GROS MALIN SE MIT À AVOIR UNE GROSSE FAIM...
...IL MANGEA UN PETIT BOUT DE SAUCISSE, PUIS UN AUTRE, PUIS CINQ, PUIS SIX, TANT ET SI BIEN QU'À LA FIN, IL NE RESTA RIEN...
POUR PAS QUE MA MÈRE ME ROUSPÈTE, JE VAIS ME COUPER LA...
ASSEZ!
ASSEZ DE CES SORNETTES ET VULGAIRES HISTOIRES!! EN PLUS, C'EST ARCHI-CONNU! MON PÈRE, VOUS VOUS TROMPEZ UNE FOIS ENCORE...
B'IN QUOI!
ALLONS MA FILLE!! JE VOUS TROUVE UN PEU DURE À MON ÉGARD...
JE NE SAIS PLUS QUE FAIRE À FORCE...
TOUTES CES JOURNÉES SANS SOURIRE... IL DOIT VOUS MANQUER QUELQUE CHOSE ...
... PEUT-ÊTRE PÈRE... C'EST PROBABLE ...

patibulaire :
inquiétant, louche

MAIS QUOI?
... J'AI TOUT...
... UN AMI?
UN AMI? ALLONS CLÉMENTINE!
NOUS AVONS ABORDÉ LE PROBLÈME IL ME SEMBLE... ET VOS RÉACTIONS NE LAISSAIENT PLANER AUCUN DOUTE...
... LES PRINCES DE TOUT PAYS NE PURENT QU'ÉCOUTER VOS COMMENTAIRES DE DEMOISELLE CAPRICIEUSE...
TROP GRAND, TROP PETIT, TROP PATIBULAIRE, TROP DISTRAIT.
BIN QUOI! EST-CE MA FAUTE À MOI SI AUCUN NE ME PLAISAIT!
ILS ÉTAIENT TRISTES À MOURIR ET ENNUYEUX COMME UN DIMANCHE DE PLUIE...
... ET PUIS J'AI QUAND MÊME FAIT UN EFFORT, AVEC CE BEAU CHEVALIER...

battre villes et campagnes :
aller partout
dans le pays

À CE QUE JE ME SOUVIENNE, IL AVAIT FIÈRE ALLURE, C'EST VRAI... IL ÉTAIT GRAND ET FORT...
HÉLAS, LE JOUR DE NOS ÉPOUSAILLES NOUS NOUS SOMMES APERÇUS QU'IL AVAIT SI PEU RETIRÉ SON CASQUE QU'IL EN ÉTAIT SOUDÉ À L'ARMURE...
MAINTENANT, IL EST JUSTE BON À SERVIR DE PARATONNERRE SUR LES CHAMPS DE BATAILLE...
...DE DÉPIT, IL EST REPARTI À LA GUERRE, LOIN DE MOI...
DANS LE FOND, QUAND J'Y PENSE JE CROIS QUE LUI, PAR SA MALADRESSE,
...OUI, JE CROIS...
AVAIT SU ME DISTRAIRE!
VOUS DISTRAIRE!! CE SERAIT AUSSI SIMPLE QUE CELA? EH BIEN SOIT!
DÈS DEMAIN, MES SOLDATS IRONT BATTRE VILLES ET CAMPAGNES...
...EN ANNONÇANT QUE LE ROY OFFRIRAI GLOIRE ET FORTUNE...
?
À QUI POURRA DISTRAIRE SA FILLE!!! APRÈS TOUT!...
POUR LE SOURIRE DE SON ENFANT, QU'IMPORTENT LES RICHESSES!
POILS AUX FESSES!

un pigeon :
une personne
qui se laisse
facilement
tromper
(langage familier)

un attroupement :
un rassemblement

...BON SANG! MAIS C'EST DÉSERT!!...
D'HABITUDE, LES RUES DE LA CAPITALE SONT REMPLIES...
...PAS UN PIGEON À L'HORIZON, RIEN...
ÉTRANGE ...
QUELQU'UN A DÛ LEUR DIRE QUE VOUS VENIEZ ... ÇA DOIT ÊTRE ÇA ...
MAIS NON...LÀ!
EN BAS DE LA RUE, UN ATTROUPEMENT!

un concurrent :
un rival

montrer de quel bois on se chauffe :
traiter rudement, sans ménagement

une audition :
présentation d'un spectacle pour être engagé

QUOI!
TOR
UN CONCURRENT! BON SANG!
LE GREDIN, JE VAIS LUI MONTRER MOI, DE QUEL BOIS JE ME CHAUFFE!
...
...AINSI NOTRE BON ROY ADÉMARRE 1er COUVRIRA DE RICHESSES QUICONQUE RENDRA LE SOURIRE PERDU À SA FILLE, LA PRINCESSE CLÉMENTINE! MAGICIENS...
...JONGLEURS ET ARTISTES EN TOUS GENRES SONT INVITÉS.
PREMIÈRES AUDITIONS... DEMAIN, AU PALAIS ROYAL! QU'ON SE LE DISE!!
HO HO!
HUM...
INUTILE DE RÊVER, MESSIRE... MON CHIEN ET MOI-MÊME ALLONS GAGNER...
OUAH?
ALLEZ GRÉGOR, FAIS VOIR AU MONSIEUR...
COUCHÉ!
?
HÉ!
COUCHÉ?
C'EST ÇA?
NON!
ÇA, C'EST DEBOUT, PAS COUCHÉ, IDIOT!
HAHA! EFFECTIVEMENT, LA PRINCESSE NE POURRA QUE SE TORDRE DE RIRE!!

un tailleur :
une personne
qui confectionne
des vêtements

vif :
intense

séduire :
rendre amoureux

un bagnard :
un forçat,
un prisonnier

l'habit fera le moine :
l'habit aidera
à passer pour ce
que l'on n'est pas

en plan :
sans suite

DÉPÊCHONS-NOUS, TAILLEUR, JE SUIS PRESSÉ !
J'AI BESOIN D'UNE ÉTOFFE RARE, AUX COULEURS VIVES ET ÉCLATANTES...
PLAF
HEU...
...IL M'EN FAUT SUFFISAMMENT POUR FABRIQUER UN COSTUME !
HO !
VOUS TOMBEZ BIEN... JE VIENS JUSTE...
DE BRODER CELUI-CI ET...
UN COSTUME DONT LE TISSU SÉDUIRA N'IMPORTE QUI !!
...HEU OUI...
NON !
JE VEUX UNE ÉTOFFE RARE !!
...CELUI-CI ? TRÈS À LA MODE CHEZ LES PLUS GRANDS PRINCES D'ORIENT...
NON !
...ON ME PRENDRAIT POUR UN BAGNARD...
...AUTRE CHOSE !
HO ! MAIS C'EST VRAI...
...J'OUBLIAIS CETTE VIEILLE COMMANDE RESTÉE EN PLAN...
JOLIE, NON ?!
...OUI !! L'HABIT FERA LE MOINE !! PARFAIT !
...BIEN... JE VOUS EN COUPE CINQ, SIX MÈTRES ?
NON !
QUELQUES CENTIMÈTRES SUFFIRONT, C'EST POUR...
UN NABOT ! HAHAHA !

une pirouette :
un tour complet
sur soi-même

ALLEZ, GRÉGOR, UNE PIROUETTE !! OBÉIS !!
GRRR...
MAIS GRÉGOR... NON! PAS ATTAQUER !! UNE PI-ROU-ETTE !
'TENTION !!
TCHAK!
AÏE !! MES FESSES ! GARDES !! À MOI !! AU SECOURS !!
FICHEZ-MOI CE DRESSEUR DÉBILE À LA PORTE !!
OUILLE !
PAF
HÉ, MINUTE, "FAMEUX DOMPTEUR"...
T'OUBLIES TON EINSTEIN !! AH AH AH!
PAF
KAÏ !
... BIN, JE COMPRENDS PAS ...
... POURTANT À LA MAISON, C'ÉTAIT SUPER... VRAIMENT!
C'EST ÇA...
AU SUIVANT... SPECTACLE 327, LE MONTREUR DE MARIONNETTES...
C'EST MOI.
CAPABLE DE DISTRAIRE UNE PRINCESSE GRÂCE À SON HABILETÉ ?
... OUI.
BIEN...
SUIVEZ-MOI, ET BONNE CHANCE, CAR LA DEMOISELLE EST DU GENRE... CAPRICIEUSE...

la rumeur :
une nouvelle
répandue
dans la ville

un chambellan :
un gentilhomme
chargé du service
du roi

**décliner
son identité :**
donner son nom
et son prénom

LE NUMÉRO SUIVANT EST UN INCROYABLE SPECTACLE DE MARIONNETTES...
D'APRÈS LA RUMEUR...
MERCÍ, CHAMBELLAN... AU MOINS, UN PANTIN ÇA NE MORD PAS...
...AVANCEZ, JEUNE HOMME, DÉCLINEZ VOTRE IDENTITÉ !...

bloquer :
s'arrêter

un saltimbanque :
un artiste

JE ME NOMME VICTOR, VOTRE MAJESTÉ, LOUIS HENRI ÉMILE, POUR VOUS SERVIR...
CHARMANTE PRINCESSE... JE SUIS ENCHANTÉ!
...HOULÀ! TROP POLI POUR ÊTRE HONNÊTE! SI VOUS VOULEZ MON AVIS...
ALLONS PÈRE! NE BLOQUEZ PAS SUR SON ALLURE... ON NE JUGE PAS UN LIVRE...
...SUR SA COUVERTURE...
SOIT...
ALLEZ-Y, MON AMI...
AMUSEZ-NOUS DONC!
BIEN SIRE, À VOS ORDRES!
Alors le saltimbanque sortit le pantin de sa valise, tout de lumière vêtu...
Mais ni le roi ni la jeune fille ne purent voir que l'homme glissa quelques mots à l'oreille de sa marionnette...
"Aujourd'hui, dit-il, tu peux gagner ta liberté... séduis la drôlesse... enchante-la !!!"...
Le pauvre petit lutin n'eut pas à se faire prier, mais ce n'était pas tant sa liberté qui l'intéressait
19

une sérénade :
un morceau de musique que l'on jouait sous les fenêtres de son amoureuse

dissimuler :
cacher

Mais une tout autre chose...
OH ! QU'IL EST MIGNON !!
...Une chose douce et sucrée qui caresse votre cœur lorsque deux regards attendris se croisent... Clémentine et Corentin découvrirent ensemble un même sentiment...
L'AMOUR... alors le petit bonhomme se mit à jouer les plus belles sérénades... les plus jolies chansons...
L'hippopotame lui-même eut grand mal à dissimuler sa joie...
Le temps s'était comme arrêté et le soleil semblait jaillir de chaque note, chaque souffle...
Même l'ours polaire, lui d'habitude si froid, ne put retenir son émotion...
Le bonheur en personne avait envahi le palais ...la tendresse aussi...
Mais il fallut bien que la déclaration du lutin cesse...
... Alors, évidemment...
TANT DE BEAUTÉ, DE GRÂCE, DANS UN SEUL ET UNIQUE SPECTACLE !...

avoir l'étoffe de :
avoir les qualités
pour devenir

gisait :
était étendu
(verbe *gésir*)

...NE PEUVENT VENIR QUE D'UN CŒUR PUR ! **PÈRE, JE L'AIME!!**
JE VEUX L'ÉPOUSER, LE COUVRIR DE BISOUS, EN FAIRE MON AMI !!
PÈRE, JE NE SUIS PLUS SEULE, MAINTENANT ...
SMACK
Soit dit, le roi lui-même, encore ému... il est à l'évidence que messire Victor a l'étoffe d'un prince, d'une âme juste et qu'il est la bonté même...
DÈS MAINTENANT, JE LE FERAI COUVRIR DE RICHESSES ET AU PLUS VITE, **JE LUI ACCORDE** LA MAIN DE MA FILLE !!!
Alors, sur le sol d'un royal palais, gisait un pantin désarticulé... D'avoir voulu connaître les hommes, il venait de découvrir le mensonge, la cupidité et la méchanceté...
Ainsi se termine l'histoire de Victor, le voleur de cœurs... FIN.

le protocole :
les règles dans
une cour royale

un troubadour :
un poète
qui chante

MAIS NON, ATTENDEZ, SUIS-JE BÊTE VRAIMENT...
... MON CHAMBELLAN ME FAIT SOUVENIR D'UNE CHOSE...
LE PROTOCOLE EXIGE QUE MES MINISTRES APPROUVENT CETTE DÉCISION.
AINSI, IL VOUS FAUDRA REVENIR...
... ET REFAIRE LE MÊME SPECTACLE DEVANT MES CONSEILLERS, MON CHER VICTOR...
MAIS CE N'EST QUE FORMALITÉ, POUR UN CŒUR PUR COMME LE VÔTRE...

Mille troubadours ne purent ce soir-là, chanter mieux le bonheur que la princesse elle-même...

... QUEL HOMME CHARMANT, QUEL JOLI SPECTACLE !! TOUT CE TEMPS SANS LUI, COMMENT ÉTAIT-CE POSSIBLE...

se jouer de :
tromper

combler :
satisfaire

un présent :
un cadeau

... mille diables, mille démons semblaient avoir noirci le cœur brisé du pauvre petit bonhomme...
... CE BRIGAND M'A BIEN ROULÉ, IL S'EST JOUÉ DE MOI ...
MAIS CROIS-MOI, L'OISEAU ...
IL VA ME LE PAYER! JE LE JURE!
ALLONS, ALLONS...
...TON ÂME SE TROUBLE, CORENTIN... TU DEVIENS...
COMME LUI!!
Mille pièces d'or, mille pierres précieuses ne purent que combler la cupidité du sinistre personnage.
HIT
HAHAHAHAHA!
BIP BIP BIP BIP
JE NE SUIS ENCORE PAS SON ÉPOUX QUE DÉJÀ LA PRINCESSE ME COUVRE DE PRÉSENTS...
... HA HA, L'IDIOTE! ...
... QUELLE BANDE D'IMBÉCILES! ...
HAHAHAHAHAH

vanter :
parler
d'une personne
en insistant
sur ses qualités

AINSI, LE LENDEMAIN ... DEVANT LES MINISTRES ...
ALORS C'EST DONC VOUS,
LE CŒUR JUSTE ET HONNÊTE DONT LA PRINCESSE...
... FORT JOLIE ...
NOUS A GRATUITEMENT ...
VANTÉ LES MÉRITES !...
JUSTICE
FLATTERIE
FINANCES
ROI
OUI, NOBLES MINISTRES...
C'EST MOI, LE PRINCE VICTOR ...
... POURRIEZ-VOUS, ATHLÉTIQUE VICTOR, TIRER DROIT AU BUT !...
ET NOUS FAIRE UNE HOLÀ DE VOS TALENTS !...
Zzzz
... EN UN MOT, POURRIEZ-VOUS NOUS DÉMONTRER VOS QUALITÉS ?!
AMOUR
SPORT
LOISIRS
CULTURE

digne de :
qui correspond à

ventripotent :
qui a un gros ventre

narrer :
raconter

s'empiffrer :
manger goulûment

MES QUALITÉS ? BIN... JE SUIS BEAU, SENSIBLE...
MODESTE, INTELLIGENT...
PLEIN DE TALENTS !
... PAS COMME ÇA, GRAND FOU... AVEC VOTRE MARIONNETTE !!
HA OUI, C'EST VRAI... LE PANTIN...
HEU... SUIS-JE BÊTE ! ...
... C'EST L'ÉMOTION... HA HA !
ÉCOUTE-MOI, NABOT, JE...
INUTILE DE ME MENACER... JE VAIS FAIRE UN SPECTACLE DIGNE DE L'INDIVIDU QUE VOUS ÊTES...
BIEN !! MESDAMES ET MESSIEURS POUR VOUS SÉDUIRE...
LE SPECTACLE DE L'AMOUR !!
MESSIEURS LES SINISTRES VENTRIPOTENTS, BONJOUR !
HA ! HA ! TRÈS AMUSANT...
... SINISTRES VENTRIPOTENTS !
... C'EST EFFECTIVEMENT FORT DRÔLE...
JE VAIS VOUS NARRER CE QUI SE DIT DANS CE ROYAUME.
LES MINISTRES SONT DE VÉRITABLES COULEUVRES GRASSES QUI S'EMPIFFRENT DE GÂTEAUX TOUTE LA JOURNÉE...

...ILS SENTENT MAUVAIS...
...ILS NE SE BROSSENT PAS LES DENTS ET PIRE QUE TOUT, MANGENT...
... LEURS CROTTES DE NEZ !!
MAIS LE PLUS MOCHE DE TOUS, C'EST SANS NUL DOUTE NOTRE GROS ROI DONT JE VAIS DE SUITE VOUS MONTRER...
LE PORTRAIT!
HÉ !!! TU VAS PAS ...
ET VOILÀ, PROUT-PROUT !!!
HO, LE GROS COCHON !
JUSTICE
SPORT
LOISIRS
Zzz...

un coquin :
une personne
malhonnête

les oubliettes :
une prison
souterraine

...HEU...HÉ,HÉ... LAISSEZ-MOI VOUS EXPLIQUER... VOILÀ...
...HEU... LA VÉRITÉ, C'EST...
...BIN, CE N'EST PAS UN VRAI PANTIN, VOILÀ! C'EST ÇA!
C'EST UN LUTIN!! MOI, J'Y SUIS POUR RIEN!
LÀ, C'EN EST TROP!
...QUE VOUS SOYEZ VULGAIRE EST UNE CHOSE ...
MAIS MENTEUR! HA NON!! NOUS SOMMES PAS DES IDIOTS!! GARDES, À MOI! EMMENEZ-LE!!!
...MAIS ATTENDEZ... C'EST LA VÉRITÉ! C'EST PAS MOI...
C'EST LE PANTIN!! MAIS, LÂCHEZ-MOI! BRUTES!
CRÉTINS! BOUDINS!
BANDE DE PATATES!!
ON SE RETROUVERA LUTIN, FOI DE VICTOR!!
... CE COQUIN IRA VOIR SI CE NE SONT PAS LES RATS DES OUBLIETTES QUI LUI RESSEMBLENT!!
MA FILLE, CE GREDIN A BIEN FAILLI NOUS ROULER!! ...
BOOUU...
J'EN AI FROID DANS LE DOS!!

crédule :
naïf, qui croit tout
ce qu'on lui dit

Une légende raconte qu'un soir d'été, une princesse, triste d'un amour déçu, courut se réfugier là-haut, dans sa tour dorée remplie de jouets...
... Qu'en passant près d'une marionnette abandonnée...
une petite étoile attira son attention...
Elle comprit très vite qu'elle ne s'était pas trompée, au contraire, et quel cœur pur avait ce petit bonhomme.
Corentin raconta ensuite ses aventures, sa rencontre avec Victor, les spectacles, les menaces, la méchanceté...
comment il fabriquait sa potion pour de pauvres gens crédules... «Quelle honte!», s'écria la princesse...
comment il avait dû faire pour que tous comprennent qui était vraiment Victor... Et la jeune fille d'applaudir...

malicieux :
taquin

le firmament :
le ciel
(mot poétique)

se résoudre :
se décider

Puis la nouvelle fit le tour du château et le roy en personne vint rendre visite aux nouveaux amis...
avec une surprise...
Les ministres eux-mêmes n'étaient plus fâchés et applaudissaient le lutin malicieux.
CLAP
CLAP
Alors doucement le temps s'est mis à passer et la petite étoile à grandir,
à grandir...
Pour briller de mille feux à tout jamais au firmament de leur amitié.
...Jusqu'au jour où Corentin dût se résoudre à rentrer chez lui...
Mais en cela, rien n'est triste car tous deux savent bien que désormais, rien ni personne ne les séparera bien longtemps...
...rien ni personne...
à moins que...

sinistre :
qui fait craindre
un malheur

La légende raconte aussi, qu'au cœur d'un royaume imaginaire...
est un château...
qu'au cœur de ce château...
est une tour...
et qu'au cœur de cette tour est une prison...
et qu'au cœur de cette prison...
un sinistre individu attend son heure, celle de son évasion...
Un jour, il reprendra la route avec sa jolie roulotte...
Peut-être qu'un après-midi, au centre de votre ville, de votre village, derrière vous, une petite voix dira : « "une" potion magique ? du bonheur ? »
ne vous retournez pas !! Fuyez petits garçons, fuyez petites filles...
avant que ne vous attrape VICTOR LE VOLEUR DE LUTINS !!
HA HA HA HA HA HA !!
HA HA HA HA HA HA HA

Table

Si tu as aimé *Le petit soldat de plomb*, tu aimeras aussi :

Le petit soldat de plomb
de Hans Christian Andersen

Éditions Grasset Jeunesse, collection Monsieur Chat

Une édition magnifiquement illustrée du célèbre conte d'Andersen.

Si tu as aimé *La perle phosphorescente*, tu aimeras aussi :

Légendes de la mer
de Bernard Clavel

Le Livre de Poche Jeunesse n° 63

Des pêcheurs de perles, des baleines, des sirènes, des villes englouties… la mer déborde de légendes qui enchanteront tous leurs lecteurs.

Si tu as aimé *Les douze travaux d'Hercule*, tu aimeras aussi :

Le premier livre des merveilles
de Nathaniel Hawthorne

Le Livre de Poche Jeunesse n° 944

Hercule, Pégase, Persée, Gorgone, Chimère, Méduse… autant de personnages merveilleux qui peuplent des récits mythologiques inoubliables.

VICTOR

le voleur de lutins

t'a plu ?
Victor n'a pas fini de te surprendre...
Découvre la suite
de ses histoires dans :

Barsacane le dragon

et *La Fée Arc-en-ciel.*

Format 22 x 29 - 32 pages couleur

DELCOURT JEUNESSE